逃避現實、疾病恐慌、
生愛幻想、惡性競爭、精神分裂……
戒熟面對情緒困境，解決問題三十六計

心理危機

法處理！

徐中收 著

該結束的是痛苦，而不是生命

◎藍鯨遊戲，死亡危機！倖存者留下嚴重心理創傷
◎屢遭霸凌，心神不寧！受害者走不出的心理陰影
◎黑狗纏身，憂鬱輕生！患者無法擺脫的心理困境

36 個真實案例，心理健康教育名師諮商紀錄全公開

《三十六計》拯救處於危機中迷茫的生命和脆弱的靈魂

目錄

序

中華文化博大精深，五千多年來一直深深影響著人們的思維、行為、生活方式等各個方面，其精髓總結起來，概括為兩個字，就是道與術。

道這個字起源於老子的《道德經》，「道生一，一生二，二生三」，道是本源。宇宙中的一切都遵循「道」，此為大道；而人類對世界的理性理解，也可稱為「道」。比如某人在某個領域鑽研久了，人們常常會說此人掌握了門道。因為他可以掌握那個領域的變化，可以預測走向，也深知那個領域的「道」。

什麼是術？術是能力，是知識、方法、策略和經驗的集合；術也是可以解決實際問題的流程和策略，是可以提高效益和效率的技巧。《孫子兵法》有云：「道為術之靈，術為道之體；以道統術，以術得道。」術的總結、優化都要有一個策略指導思想，那就是「道」，否則沒有策略，任何戰術都是偶然的、僥倖的。而好的經驗、好的方法、好的技巧又可以加深對「道」的理解。

心理危機介入中有無「道」與「術」？答案當然是肯定的。那麼，心理危機介入中的「道」是什麼？我認為，心理危機介入中的「道」就是生命高於一切，心理危機介入以化解心理危機、拯救生命為最高準則！具體的說，就是敬畏生命、尊重生命、

珍惜生命。

敬畏生命就是時時處處感受到生命與世界的關係，對生命有一種「鳶飛魚躍，道無不在」的頓悟與喜悅；對每個來訪者都有憐憫之心，不遺餘力的捍衛生命的尊嚴。

尊重生命就是尊重生命的存在，知曉生命的不可重複性。無論來訪者地位的高低貴賤、貧窮富有、年齡大小，還是問題嚴重與否，都要喚醒他自身美好的「善根」，激發他開闊胸襟，走向陽光。

珍惜生命就是理解生命的價值與意義，處理好與自我的關係，清楚的知道「我是誰」、「我為何而來」。面對人生的挫折與磨難，能夠百折不撓、堅忍不拔；面對人生的順利與成功，能夠泰然處之，不驕不躁。

心理危機介入的「術」就是化解心理危機的知識、方法、策略和經驗，具體的說，就是來自精神分析、人本主義、認知療法和行為主義等的心理技術與方法。

道是思想，術是方法，道術合二為一，才是正道。

《三十六計》是中國古代三十六個兵法策略，語源於南北朝，成書於明清。它是中國古代兵家計謀的總結和軍事謀略學的寶貴遺產，是智慧的結晶。《三十六計》既是兵「道」，又是兵「術」，是「道」、「術」高度合一的典範。

徐中收老師從事中小學心理健康教育工作二十餘載，是我的碩士研究生，也是心理健康教育教師。徐老師勇於開拓與創新，大力推進學校心理輔導行政建設，組建具有較強輔導能

力的心理健康教師團隊。在心理輔導工作中，徐老師熱衷於道術合一，一方面，積極汲取「三十六計」的精華，參悟其中的「道」與「術」；另一方面，積極將「三十六計」與現代心理學的方法和技術融為一體，使之成為自創的「心理兵法」，為處於迷惑困境或憂鬱痛苦的生命服務，渡人自渡。徐老師有十餘起重大心理危機事件善後處理的經歷；徐老師在心理危機預防性介入和引導性介入方面也有豐富的經驗，成功地化解了許多嚴重的心理危機，為社會的穩定與和諧做出了重要貢獻。徐老師可謂是心理危機介入的「門道」中人。

　　與其說本書是徐中收老師學校心理健康教育工作經驗的總結，不如說是徐老師在心理危機介入領域「道」、「術」合一探索的智慧結晶，也是傳統文化與現代心理學融合的大膽嘗試，精神可嘉，壯舉可嘉。

　　德國哲學家雅斯佩斯（Karl Theodor Jaspers）說：「教育的本質意味著，一棵樹搖動另一棵樹，一朵雲推動另一朵雲，一個靈魂喚醒另一個靈魂。」但願本書是一種啟蒙，一種喚醒，一種開啟，一種點燃，啟蒙、喚醒、開啟和點燃有待於啟蒙、喚醒、開啟和點燃的靈魂！

　　是為序。

李偉健

前言

　　一九六四年，心理危機介入鼻祖卡普蘭（G. Caplan）在對心理危機進行系統性的研究之後，首次提出了心理危機（psycho-logical crisis）的概念。他認為，心理危機是當個體面臨突發或重大生活事件（如親人死亡、婚姻破裂或天災人禍）時所出現的心理失衡狀態。具體來說，就是當一個人面臨困境時，他先前處理危機的方式和慣常的支持系統不足以應對眼前的處境，即他所面臨的困難情境超過了他的承受能力，這時就會產生暫時的心理困擾，這種暫時的心理失衡狀態就是心理危機。

　　二〇〇三年，美國心理學家卡內爾（Kristi Kanel）對心理危機的實質和發展過程做了更為合理和清晰的解釋，他提出無論是從哪個角度去定義心理危機，其實質都包括三個基本部分：

1. 危機事件的發生。
2. 對危機事件的感知導致當事人的主觀痛苦。
3. 慣常的應對方式失敗，導致當事人的心理、情感和行為等方面的功能失衡。這種定義比較全面而準確的概括了心理危機的過程與實質，因而得到許多學者和臨床工作者的認同。

　　簡而言之，心理危機是指由於突然遭受嚴重災難、重大生活事件或精神壓力，使生活狀況發生明顯的變化，尤其是出現

了用現有的生活條件和經驗難以克服的困難，致使當事人的心理、情感和行為等方面功能的失衡狀態。

　　校園心理危機是指在學校校園生活範圍內，由於各種突發的、重大的危機事件所引起的校園成員（學生、教師、職員等）心理嚴重失衡狀態。這種心理嚴重失衡狀態在未成年人中常表現為輕生自殺、肢體自殘、暴力攻擊、離家出走、網路成癮，以及吸毒、酗酒、性行為錯亂等衝突性的行為。如果這些衝突性的行為沒有在心理層面予以有效干預，就可能轉換成潛在的壓力和焦慮，進而形成嚴重的心理障礙和心理疾病，直接影響青少年人格的健康發展。由於心理危機而導致的這些衝突性行為是造成中小學生非正常死亡發生率上升的重要原因之一。

　　面對發生在校園內外的青少年心理危機，我們必須高度重視並展開行之有效的心理危機介入。

　　心理危機介入就是指運用心理學、諮商心理學、心理健康教育學等方面的理論與技術對處於心理危機狀態的個人或人群進行有目的、有計畫、全方位的心理指導、心理輔導或心理諮商，以幫助其平衡已嚴重失衡的心理狀態，調節其衝突性的行為，降低、減輕或消除可能出現的對人和社會的危害。

　　心理危機介入除了要求比較嫻熟的運用心理理論與技術之外，作為教師，特別是學校心理教師，還須具備心理危機介入智慧，有勇有謀，智勇雙全。

　　《三十六計》是中國古代兵書，根據中國古代卓越的軍事思

想和豐富的戰爭經驗總結而成，是民族智慧的結晶，也是優秀文化遺產之一。三十六計又稱「三十六策」，語源於南北朝，成書於明清。它對現代社會各行各業的指導作用和意義也非常大，經常能看到各界菁英熟練運用三十六計，從而獲得成功的實例。

作為一名心理學工作者，我在二十餘載心理學研究中，自覺汲取《三十六計》的智慧和精華，把它與心理理論和技術融合為一體，發揮其謀略之優勢，「設兵布陣」、「攻城掠地」、「過關斬將」，出奇制勝，化解重重危機，援助了一個又一個處於危機中迷茫的生命和脆弱的靈魂，幫助他們「鳳凰涅槃」、「飛龍在天」。

心理學研究發現，人們對危機的心理反應通常經歷以下幾個階段。首先是衝擊期，發生在危機事件發生後不久或當時，感到震驚、恐慌、不知所措。如突然聽到朋友自殺，尤其是自殺所帶來的系列性嚴重後果時，大多數人會表現出恐懼和焦慮。其次是防禦期，表現為想恢復心理上的平衡，控制焦慮和情緒紊亂，恢復受到損害前的認知功能。但不知如何做，這時候會出現否認、合理化等心理防禦機制。再次是解決期，積極採取各種方法接受現實，尋求各種資源努力設法解決問題。焦慮減輕，自信增強，社會功能恢復。最後是成長期，經歷危機後變得更成熟，獲得應對危機的技巧。但也有人消極應對而出現種種心理不健康的行為。

心理危機介入從過程上來說包括預防性干預、引導性干預、維護性干預和發展性干預。

1. **預防性干預**：在重大事件可能發生前的心理介入。預防是最經濟、最有效的健康策略。古人說：「上工治未病，不治已病。」、「良醫者，常治無病之病，故無病。」

2. **引導性干預**：在重大事件發生時的心理介入。對有心理困擾或心理問題的師生進行有效的個別輔導，提供針對性的心理支持；或根據情況及時將其轉介到相關專業心理諮商機構或心理診治部門，並做好共同合作、回歸保健和後續心理支持工作。

3. **維護性干預**：在重大事件發生後的心理介入。明確心理危機介入工作流程，出現危機事件時能夠做到發現及時、處理得當，給予師生適當的心理介入，預防因心理危機引發自傷、他傷等極端事件的發生。

4. **發展性干預**：在當事人（或人群）心理康復後，以促進繼續健康發展為目標的心理介入。發展性干預也包括對健康人群的發展性心理健康教育。

心理危機介入從對象上來說包括當事人干預、與當事人相關人群干預、當事人親屬人群干預。

1. **當事人干預**：對事件發生現場中的直接當事人或人群的心理介入。

2. **與當事人相關人群干預**：對不在事件發生現場但與當事人

或人群有密切接觸並受影響的人或人群的心理介入。

3. **當事人親屬人群干預**：對當事人或人群的親屬人群的心理介入。

心理危機介入從形式上來說包括現場干預、來訪性干預、追蹤性干預。

1. **現場干預**：在重大事件現場與其他專業人員配合和合作對當事人或人群的心理介入。

2. **來訪性干預**：對有衝突性行為爆發傾向的求助人或人群的心理介入。

3. **追蹤性干預**：重大事件發生後，對當事人或人群、相關人或人群的補救性心理介入。

危機既是危險又是機遇。危險意味著平衡穩定的破壞，引起混亂、不安。如果不能得到很快控制和及時緩解，危機就會導致人們在認知、情感和行為上出現功能失調以及社會的混亂。它具有危害性、風險性和時間的緊迫性的特點。機遇意味著成長的機會，心理創傷的自癒和療癒，經歷危機的個體在認知、情感和行為上成熟而穩定，積極而堅強。

本書基於《三十六計》，既繼承其軍事謀略的本意，保持其本身的價值；又創新了《三十六計》，賦予它新的時代意義及其在心理危機介入中的價值。因此，每一計既有計名來歷、原意、比喻，還有引申義，把每一計策與心理危機介入有系統的連結起來，從而為化解心理危機提供解決策略和途徑。無論是

「舊瓶裝新酒」，還是「新瓶裝舊酒」，都彰顯了「酒」本身的價值，並且提高了「酒」的附加價值。

本書在技術應用上博採眾家之長，不拘一格。在一些案例中，運用自創的意象系統對話技術引導來訪者進行「想像」、「冥想」，展開「潛意識對話」，達到一些意想不到的輔導效果，用心良苦。

當然，由於作者理論和經驗的淺薄，本書存在許多不足，敬請前輩、專家、同行和讀者不吝賜教。

編者

第一計　瞞天過海

　　本計出自一個傳說。唐貞觀十七年（西元六四三年），唐太宗李世民率軍三十萬親征高麗國，見大海白浪滔天，一望無際，一籌莫展。部將薛仁貴急中生智，用計引唐太宗穿過一條用帷幕遮蔽的通道，來到一個繡幔錦彩、茵褥鋪地之處，大張筵席，宴請群臣……過了好久，忽聞濤聲如雷，杯盞傾倒，周圍一片搖晃。唐太宗詢問緣由，近臣撤去帷幕，只見大海茫茫，水天一色。薛仁貴奏，是他用「瞞天過海」之計，借助風力，將三十萬大軍渡過大海，就要到達彼岸了。

　　瞞天過海原意為瞞著皇帝，平穩的渡過大海；比喻人為的造成對方的錯覺，以達到獲勝的目的。在心理危機介入中，瞞天過海引申為心理輔導教師故意一而再、再而三的迷惑有心理危機的人，使對方放鬆戒備，然後突然行動，從而化解危機。

▌跳河危機，如何化解

　　自殺是指個體在複雜心理活動作用下，蓄意或自願採取各種手段結束自己生命的行為。自殺不是突然發生的，它有一個發展的過程。日本學者長岡利貞指出，自殺過程一般為：產生自殺意念→下決心自殺→行為出現變化＋思考自殺的方式→選擇自殺的地點與時間→採取自殺行為。對於不同年齡、不同個

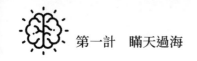

性、不同情境下的人，自殺過程有長有短。

自殺分為情緒性自殺和理智性自殺兩類。情緒性自殺常常由爆發性的情緒所引起，包括由委屈、悔恨、內疚、慚愧、激憤、煩躁或賭氣等情緒狀態所引起的自殺。此類自殺進程比較迅速，發展期短，甚至呈現即時的衝動性或突發性。理智性自殺不是由於偶然的外界刺激喚起的激動狀態導致的，而是由於自身經過長期的評價和體驗，進行了充分的判斷和推理以後，逐漸萌發自殺的意向，並且有目的、有計畫的選擇自殺措施。因此，理智性自殺的進程比較緩慢，發展期較長。

據一篇名為「和諧社會需要尊重和鼓勵失敗者」的文章中引用的數字，中國每年自殺人數達二十八萬七千，還有兩百萬人自殺未遂。也就是說，中國每兩分鐘就有一人死於自殺，同時有八個人自殺未遂。

據調查，自殺是中國十五至三十四歲人群死亡的首要原因，五至二十四歲的自殺人數每年竟高達十五萬人以上。

有一天傍晚，我突然接到一個陌生電話，電話裡傳來歇斯底里的聲音，他說，他在某座橋上，再過一小時他就要從橋上跳下去，他的奶奶就是在這個時間點去世的，他要去見奶奶，和奶奶生活在一起。我問他為什麼打電話給我，希望我幫他做點什麼。他說，去年我去他的學校講過課，他向我要了手機號碼，覺得我懂他，希望在跳河之前見我一面，可以沒有遺憾。

面對擬自殺者的求救信號或者是告別信號，如何應對？

如何拖延時間，讓擬自殺者放鬆戒備，給我們救助的機會？瞞天過海的確是處理自殺危機的好計策。

第一招：當機立斷，中斷通話

當我接通電話，了解了擬自殺者的自殺意圖與自殺前的願望後，我故意大喊：「你說什麼？聽不見，聽不見，聽不見！訊號不好，你等等，我到訊號好的地方馬上打電話給你，等一會！」

用此一招，作為心理危機介入者，在電話中一定要用緊張、焦急的聲音與對方通話，讓對方感覺到你對他的關心和重視，並且在想方設法與他取得聯絡，以免他在沮喪、無助和絕望中產生衝動、過於激烈的行為。

第二招：立即報警，巧妙布兵

我立即撥通報警電話，把事件做了簡要通報，並且提了六點要求。其一，要求指揮中心立即把監控系統切換到某座橋，鎖定要自殺的人。其二，馬上出動警力，要求警方人員喬裝打扮成清潔工人、路人等身分到現場，不要刺激要自殺的人。其三，馬上在河面上布下救援人員及救援設施，做好應急準備。其四，馬上對此路段進行有效的交通管制，做好行人疏通工作，盡可能讓較少的無關人員進入現場。其五，不要讓任何媒體人員進入現場，以免引起不必要的麻煩。其六，在一小時之

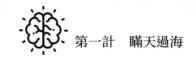

內不要有任何行動，等我趕到現場後再採取措施，我會設法穩定擬自殺者的情緒。

與警方工作人員的溝通，用語一定要簡明扼要，絕不能囉唆；敘述一定要清楚，絕不能沒有重點；講話語氣一定要堅定，絕不能猶猶豫豫；意圖一定要明確，確保切實可行；指令要到位，確保各司其職；對不良後果有預見性，避免惡性事件的發生。

第三招：繼續通話，穩定情緒

我重新接通了男生的電話，向他表示歉意，由於訊號不好，剛才放了他的「鴿子」。男生聽到放他鴿子幾個字，輕聲說，「真怕老師不理我。」

「其實，我剛才好怕失去與你見面的機會。謝謝你，你還在等我。」我也輕聲說。

「不會的，我一定會等你的。見你是我唯一的願望！」他的聲音加大了一些。

「我好幸福，我是你離開之前唯一想見面的人！謝謝！」我也加大音量。

「實際上，我不想離開，我才十七歲。」他的話裡有哭音。

「發生什麼事了？和我說一說，好嗎？」我溫柔的說。

「唉，一言難盡，我是有苦無處訴。心裡的痛苦只有我自己知道，我已經忍受十來年了……為什麼要生下我？為什麼？」突

然，男生嚎啕大哭起來。

男生一邊哭，一邊訴說他的種種不幸，他的父母是如何吵架，如何打罵他，如何離婚，如何不養他等。他說奶奶是唯一疼他的人，是他最親的人，奶奶給了他所有的愛。可是，奶奶一個月前因病去世了，他非常痛苦，他真的不知道如何活下去。

坐在計程車上，我一邊傾聽，一邊同理，盡量讓他沉浸在往事中，不停的宣洩痛苦的情緒，發現曾經的美好和快樂。

使用此招，我的意圖非常明確，一方面，我想轉移他的注意力，讓他把注意力轉移到他對往事的回憶上來，以避免他發生衝動的行為、沒有給我救助他的機會；另一方面，我想給他一個宣洩不良情緒、發洩痛苦的機會，讓他在宣洩和發洩中找到活下去的勇氣和能量。此外，我想讓他明白，人之不如意事十有八九，苦難對於一個人來說是一種人生經歷，也是人的成長過程中難得的財富，苦難能夠幫助人看到生活的本質，並且找到人生幸福的本源。

第四招：救援成功，安全收兵

計程車司機一路快馬加鞭，四十多分鐘後，我走上了那座橋。

男生孤單的站在橋中央欄杆邊，望著波濤洶湧的河水。風有點大，男生瘦弱的身體在風中有點晃動。我慢慢的走近他，橋頭十多名穿著各式衣服的人跟著我也慢慢的靠近男生。

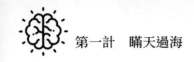

「老師，我終於見到你了，呵呵。」男生臉上略顯尷尬。

「是的，我赴約來了，沒遲到吧？」我哈哈一笑，快步跑上前，一把抱住他，緊緊的。

「沒有，你提前到了。謝謝！」他安安靜靜的伏在我懷裡。

我身後的警察把我們圍在中央，歡呼雀躍。

當一個人在自殺之前還有與人通個電話、見個面的意願，這說明他對於生命還是留戀的，他是希望抓住最後一根救命「稻草」的！我們要勇於作他的救命「稻草」，用我們的智慧救人於痛苦的深淵！畢竟，人要結束的是痛苦，而不是生命！

第二計　圍魏救趙

本計出自《史記》記載的齊魏桂陵之戰。計名則見於明朝羅貫中《三國演義》第三十回：「此孫臏圍魏救趙之計也。」

圍魏救趙原指戰國時齊軍用圍攻魏國的方法，迫使魏國撤回攻打趙國的部隊而使趙國得救；現借指用包抄敵人的後方來迫使其撤兵的戰術。在心理危機介入中，圍魏救趙引申為心理輔導教師繞開問題的表面現象，著眼事物的本源，伺機化解危機。

▍大考前夕，學霸心焦

臨近大考，總有家長為了子女能夠考出好分數，以各種物質獎賞「利誘」孩子；學校為了多培養出幾個考上知名學校的學生，除了讓學生用盡所有時間學習之外，還展開「百日衝刺」、「狀元榜」等心靈雞湯類的活動；各方還會慰問和表彰所謂的「學霸」，期望他們為學校拔得頭籌。考前焦慮就像陰霾籠罩著考生，揮之不去，壓得人喘不過氣來。

大學入學考前幾天，一名高三學生李勤奮（化名）有氣無力的來到我的工作室。李勤奮看上去背有點駝，兩鬢有些斑白，一臉「烏雲密布」。

「哦，請問你有什麼不舒服的嗎？」我關切的問。

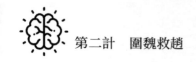

「活不下去了！」他無力的眼睛瞟了我一眼。

「你是有點累，嗯，好像有點壓力。」我說。

「何只有點，壓力超大！我要崩潰了！」他突然大吼起來。

……

原來李勤奮是某明星高中資優班的學生，課業成績一直名列前茅。隨著大學入學考的逼近，他逐漸出現了較為嚴重的考試焦慮症狀，如失眠、神經衰弱、莫名頭疼與腰痛，注意力難以集中，記憶力減退等。最讓他惱火的是，近幾次考試竟然退步了十餘名！

如何緩解李勤奮的考前焦慮，幫他度過當前的困境？圍魏救趙的確是處理考試焦慮的好計策。

李勤奮的主要問題是考前過度焦慮。最有效的策略就是分化敵人 —— 發現考前過度焦慮的薄弱點，各個擊破，最終緩解考試焦慮。

第一招：看焦慮意象，知當下

如何分化敵人？只有了解敵人，看清敵人動態才可以發起進攻。於是，我請李勤奮在長沙發上躺下來，深呼吸，放鬆身體，靜下心來，閉上雙眼開始想像。在我的引導語的作用之下，李勤奮看到了一個意象：一隻被五花大綁著的無力的小狗。

第二招：為繩索命名，明需求

面對捆在身上的繩索，我引導李勤奮為每條繩索命名。李勤奮說出了各條繩索的名稱：金牌，代表榮耀；美元，代表好工作；項鍊，代表愛情；別墅，代表幸福；豪車，代表事業。

第三招：破解繩索，解困境

金牌、美元、項鍊、別墅和豪車，如果沒有這些會如何？我引導李勤奮在想像中用一把鋒利的小刀割斷捆綁在小狗身體上的所有繩索。當他割斷繩索時，他長長的呼出一口氣：「啊，終於解放了！」然後，我又引導他把那些繩索扔得遠遠的，這時他眉飛色舞的說道，「好舒服，好輕鬆！」

第四招：綻放生命，得活力

李勤奮的生命意象是一隻無力的小狗，眼睛無神。要讓李勤奮有勇氣、有信心、有力量面對當下的考前焦慮，必須讓他恢復生命活力，讓生命之花重新綻放。

於是，我引導李勤奮再度看看自己的意象。慢慢的，一隻充滿活力的、威風凜凜的獅子出現了，獅子在一片綠茵茵的草地上打了個滾，發出一聲吼叫，在森林裡久久迴蕩。

我引導李勤奮帶著獅子的意象回到現實中，把此意象永遠放在心裡。他睜開眼睛，炯炯有神，透著自信、堅定和果敢；

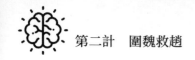

臉上容光煥發，神采奕奕；說話時聲音洪亮，中氣十足；笑聲爽朗，發自肺腑。

第五招：合力作戰，獲成功

　　要完全戰勝考前焦慮，不僅學生自身要有足夠的勇氣、信心和堅強的意志，還需要家庭、學校力量的整合，為考生創設良好的物理空間和心理空間，保持良好的複習狀態和考試心態。

　　家庭氛圍要輕鬆如平常。父母不要過多關注考生的言行舉止，不要過度詢問考試成績，不刻意購買各種佳餚補品。父母應和平時一樣，該做什麼就做什麼。只有家庭氛圍和諧，考生才會睡得好，吃得香，心情愉快，學習效率高。

　　學校更要在考生心理建設上作文章。安排一些娛樂活動，讓學生開懷大笑；舉辦一些遊戲體育競賽，讓學生放鬆身體；舉辦一些小主題辯論活動，讓學生發散思維，動動腦；推展「美好未來」暢想活動，讓學生擁有積極樂觀的陽光心態。

　　要讓學生正確認識焦慮，接納焦慮，與焦慮合作、交朋友。要讓學生明白，適度焦慮有助於在考試中正常發揮，甚至有助於超常發揮。

第三計　借刀殺人

　　本計內容在春秋戰國的史書中多次可見，而「借刀殺人」則見於明代戲劇《三祝記》「這所謂借刀殺人，又顯得恩相以德報怨，此計如何」一語中。這齣戲是寫范仲淹的政敵企圖讓他擔任軍隊統帥 —— 環慶路經略招討使，去平息西夏人趙元昊，企圖借西夏人的刀殺害范仲淹的故事。

　　借刀殺人原意是指在對付敵人的時候，自己不動手，而利用第三者的力量去攻擊敵人，從而保存自己的實力；或者是巧妙的利用敵人的內部對立，使其自相殘殺，以達到克敵制勝的目的；也比喻自己不出面，利用間接的方法去傷害別人。在心理危機介入中，借刀殺人引申為來訪者用合理合法的方式，設法借助他人的力量化解自身的危機。

▎屢被霸凌，心神不寧

　　校園霸凌是指在校園內外學生間一方（個體或群體）單次或多次蓄意或惡意透過肢體、語言及網路等方式實施欺負、侮辱，造成另一方（個體或群體）身體傷害、財產損失或精神損傷等的事件，校園霸凌多發生在中小學。校園霸凌分為單人實施的暴力、少數人實施的暴力和多人實施的暴力。霸凌事件發生的地方多為校園周邊或人少僻靜處，但也有一些事件發生在校

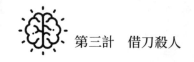

園公共區域。

　　任何形式的霸凌行為都是不可接受的，因為霸凌不僅會對「受傷者」造成傷害，而且會對「霸凌者」和「旁觀者」同樣造成傷害。「霸凌者」由於長期欺負別人，內心得到極大滿足，他們往往以自我為中心，對同學缺少同情心，而「旁觀者」會因為幫不了受害者而感到內疚、不安，甚至惶恐。校園霸凌對受害者的傷害也不可小覷，受霸凌的學生通常在身體上和心靈上受到雙重創傷，並且容易留下陰影，長期難以平復。同時校園霸凌也會影響到學校的整體紀律和風氣。所以，學校必須正視霸凌事件，並加以制止和預防。同時，學生和家長也必須為此付出努力。

　　一天，國二學生王小龍（化名）在母親的陪伴下來到我的工作室。小龍身高近一百七十公分，身體也較壯實，但看上去精神不振，愁眉不展。小龍的媽媽一坐下來就迫不及待的打開話匣子訴說小龍的遭遇。她說小龍在學校被國三某同學欺負了好多次，屢次受到他的毆打，還被敲詐了數千元，現在晚上經常做惡夢，白天也心神不寧，已經好幾天沒有去上學了。作為小龍的媽媽，她非常著急，不知如何是好。

　　小龍說，他曾經反抗過，但是那個同學力氣比他大，出手凶狠，他不是那個同學的對手。他一想到那個同學就身體發抖，呼吸都困難。

　　如何讓小龍有勇氣面對霸凌事件並走出心理陰影呢？

一種有效的方法就是引導小龍借助他人的力量化解自身的危機。

第一招：看清自我，尋找夥伴

我讓小龍閉上眼睛，放鬆身體，放空心靈，在一呼一吸間開始想像。慢慢的，小龍看見一隻小老虎，這隻小老虎獨自遊蕩在樹林間，沒有夥伴，在暴風雨中四處躲避，無所適從。

接著，我引導小龍來到了一個動物園。在動物園裡，小龍看到了各式各樣的動物，獅子、大象、豹、狼、熊、猴子、丹頂鶴等。起初，小龍挺怕狼、豹的，不敢走上前，我就握住他的手，對他說「你是安全的，我和你在一起」；慢慢的，小龍的情緒穩定下來，開始與丹頂鶴、猴子等玩了起來，接著小龍接近大象，後來與熊、獅子等動物交上了朋友。一個孤獨的小老虎竟然有了丹頂鶴、猴子、大象、熊、獅子等一批夥伴。

第二招：主動示好，與怪獸和解

在想像中，小龍作為小老虎與一群動物朋友在樹林裡開開心心的玩耍。突然天色大變，地上捲起一陣怪風，一隻像狼又像豹的怪獸冒了出來，張開血盆大口朝著小老虎撲了過來！丹頂鶴、猴子、大象、熊、獅子等動物馬上圍成一圈，把怪獸包圍起來，怪獸左衝右突無法衝出包圍圈，最後累倒在地上。於是，我引導小老虎走近怪獸，溫柔的與怪獸說話，主動向牠示

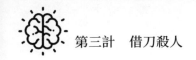

好。怪獸很感動，主動跟小老虎道歉，在動物們的歡呼聲中，小老虎與怪獸擁抱在一起，開心的笑了。

第三招：領悟現實，堅其心志

我把小龍從想像中喚醒，回歸到現實中來。

「小老虎是誰？」我問。

「小老虎是我，一個孤獨的沒有朋友的人。」小龍哭了。

「怪獸是誰？」我再問。

「那個欺負我的同學。」小龍輕聲說。

「你如何才能戰勝那個同學呢？」我又問。

「如果我有許多朋友，沒有人敢欺負我！我要交許多朋友，有朋友在，誰都不用怕！」小龍眼裡發光，大聲說。

「你的意思是說，你能借助朋友的力量化解麻煩和問題？」我啟發他。

「是的！做好人，多交朋友，無論有什麼麻煩，都會有人幫助！」小龍朗聲大笑。

第四招：強化管理，全面預防

預防與制止校園霸凌事件，必須社會、學校與家庭聯合行動，建立校園霸凌事件發生的預防與治理機制。

政府要有所作為，制定相關的法律，對校園中發生的惡性霸凌行為採取明確的懲戒措施，從法律上確保青少年人身、財

產的安全並保證心理上有安全感。

　　教育部門要從實處入手，加強學校安全管理，設立校園霸凌事件檢舉電話，對於發生在校園的霸凌事件嚴格規定上報時間和處理結果報告。

　　學校要加強法制教育、紀律教育、道德教育，對課間、午休、晚自習等容易發生問題的重點時段加強巡查，對校園周邊兩百公尺以內的範圍，在上下學時段安排專人進行巡查，並填寫巡查紀錄，發現問題及時上報；每學期都要在學期初、中、末進行三次「防霸凌」教育，讓學生充分理解霸凌他人不僅是不道德的，更是極端錯誤的行為，對造成的後果還要承擔相應的法律責任。

　　父母要關心子女的身心健康，與子女就「防霸凌」問題多溝通交流。家長平時應多關注孩子在學校裡經歷的事情，多關愛孩子，一旦發現子女受霸凌，父母要及時與教師、學校溝通，儘早解決，不要讓問題惡化。

第四計　以逸待勞

　　本計源自《孫子・軍事篇》:「以近待之,以佚(同逸)待勞,以飽待飢,此治力者也。」《後漢書・馮異傳》也有:「夫攻者不足,守者有餘,今先據城,以逸待勞,非所以爭也。」

　　以逸待勞原指作戰時不首先出擊,以自己的從容休整,對付遠道而來的疲勞不堪的敵人;比喻養精蓄銳,不斷強大自己的有生力量,一鼓作氣消滅敵人。在心理危機介入中,以逸待勞引申為心理輔導教師掌握主動權,伺機而動,以不變應萬變。

▌身心疲憊,幡然醒悟

　　曾幾何時,考試成為衡量中小學生是好學生還是壞學生的依據和指標,排名成為懸在中小學生頭上的達摩克利斯之劍。學生為了高分「頭懸梁」、「錐刺股」,不分寒暑,沒有節假日。他們不是苦戰在滿桌試卷的教室裡,就是鏖戰在「×× 補習班」或「奧林匹克數理班」裡,不分晝夜。難怪有些學校教室裡竟然掛著如此囂張的激勵橫幅:「高否?富否?帥否?是,滾回家去!否,滾去學習!」令人瞠目結舌。

　　小敏(化名)是某明星高中的一名高三學生,當她邁著沉重的腳步走進我的工作室的時候,她的一臉灰暗、一身疲憊和一雙無神的眼睛令我心疼,我甚至懷疑她到底是不是十九歲的青春少女。

　　小敏從小學到國中一直是學校裡的優秀生，學習成績向來名列前茅，常常是年級前五名。高中入學考時，她以優異的成績進入理想高中。高一、高二時，她的成績很不錯，常在年級前三十名。到了高三，班導師向她下達「任務」，要求她進入年級前十五名，爭取考入某著名大學。為了不辜負老師的期望，小敏拚命的用功學習。為了節省時間，小敏跑步去學生餐廳用餐；為了少上廁所，小敏從不在教室裡喝水；就寢了，小敏在被窩裡打手電筒記憶英語單字。小敏每天滿腦子都是公式和符號，嘴裡念叨的都是名言警句。雖然在某一次的考試中，小敏如願進入年級前十五名，但是大多數考試她竟然在三十名之後，現在已經基本在六十餘名了！小敏非常苦惱，心想：有句話「只要工夫深，鐵棒也能磨成針」，難道我還不夠努力嗎？

　　面對學習困局，小敏該如何破解？以逸待勞不失為一個破解困局的好計策。

　　學習成績好壞受到許多因素的影響，譬如智力和體力、人際關係、學習方法、學習目標、學習心態等。經過分析，小敏學習成績不盡如人意的原因有以下幾種。其一，由於缺乏體育運動，喝水少，睡眠長期嚴重不足，小敏已經疲憊不堪，力不從心。其二，小敏一天到晚生活在單一的學習狀態中，不與同學溝通交流，習慣於直線思考，成長型思維基本處於關閉狀態，這是提高學習成績的大忌。其三，小敏學習方法單一，只會拚時間、拚精力，沒有一套行之有效的方法體系，「強弩之

末勢不能穿魯縞也」。其四，學習目標有點好高騖遠。按照小敏的程度要考上某著名大學難度較大，不切合實際的目標只能是「望山跑死馬」。其五，患得患失心態。小敏太在意分數和排名，情緒波動大，每一次考試對於她來說，都是一次重大的「折磨」。

為了幫助小敏破解學習困局，我與小敏進行了一次潛意識對話。

第一招：牆角小花，即將枯萎

我讓小敏閉上雙眼，用深呼吸放鬆身體，放空心靈，在我的指導語的引領下開始想像。慢慢的，小敏在一間有點破敗的小屋的牆角看見一株即將枯萎的月季花，這株小花就是小敏自身生命的意象。

第二招：滋潤月季，煥發活力

為了讓月季花重新煥發生命活力，我引領小敏把月季花從牆角移栽到一個庭院裡，讓月季花能夠沐浴陽光和風雨。然後，我讓她想像著從我手裡接過一瓶能夠賦予萬物生命力的「神水」，轉開瓶蓋往月季花的根部澆水。過了一會，小敏嘻嘻的笑著說，她看見月季花活過來了，已經綻放出大大的鮮豔的花蕾，非常美！此刻，小敏的臉上有了一層紅暈，簡直就是含苞欲放的月季花！

第三招：暢遊植物園，幡然醒悟

　　為了開闊小敏的視野，打開她的成長型思維，幫助她找到適合自己的學習方法和途徑，我帶著小敏來到一個無邊無際的植物園。在植物園裡，小敏遇見了一頭管理植物園的大象，大象帶著她暢遊植物園。大象不僅向她介紹各種奇花異草、名貴樹木，還介紹了花草樹木的栽培技術，不僅讓小敏領略到植物世界的種種神奇，而且幡然醒悟，原來做任何事情都要講究工具方法，她感嘆，「盲人騎驢是不可能到達目的地的」。

第四招：養精蓄銳，羽化成天鵝

　　為了讓小敏樹立「欲速則不達」的理念，學會養精蓄銳，有節奏的學習，我帶著小敏來到一個群山環抱的大湖之畔。小敏一來到湖畔，不由自主的發出歡快的叫聲，她說她要到清澈的湖水裡暢遊一番，於是撲通一聲跳入湖水中。小敏在水裡不停的暢遊，她說她看見許多紅鯉魚，她已經變成一條紅鯉魚了，哈哈大笑起來。過了好一會，她說她看見一隻白天鵝，她就游到白天鵝身邊和牠一起嬉戲玩鬧，白天鵝飛了起來，她也變成一隻白天鵝飛向高山，飛向原野，飛向藍天……

　　潛意識對話結束後，小敏兩眼放光，聲音悅耳，精力充沛，她連連說：「太神奇了，我是白天鵝，翱翔在天地間，看見許許多多美好的風景！謝謝您，老師！我懂了，我要以逸待勞，一飛沖天！」

第五計　趁火打劫

　　本計出自《孫子兵法》「亂而取之」的思想，最早見於明代吳承恩的小說《西遊記》第十六回「觀音院僧謀寶貝，黑風山怪竊袈裟」：唐僧一行到觀音寺歇腳，孫悟空爭強好勝，非要把唐僧的錦襴袈裟拿出來顯擺，老方丈心起貪念（想奪袈裟）借袈裟夜裡把玩，卻不想袈裟神光照破夜空，吸引來了黑風怪（一頭黑熊精）。在大火焚燒觀音寺時，黑風怪藉機盜走袈裟。

　　趁火打劫原意是趁失火時去搶劫，比喻乘人之危謀取私利。在心理危機介入中，趁火打劫引申為心理輔導教師利用時機，順勢而為，果斷處理問題，避免危機嚴重化。

▍沉溺韓劇，性侵惡夢

　　追求愛情自古以來就是人類最美好的事情，古今中外描寫美妙愛情的詩句數不勝數，如「關關雎鳩，在河之洲。窈窕淑女，君子好逑」、「我住長江頭，君住長江尾。日日思君不見君，共飲長江水」等。可見追求愛情本身是沒有錯的，但在錯誤的時間去做正確的事就可能帶來許多麻煩，甚至是難以開口的痛苦。

　　十三歲的牡丹（化名）透過網路聊天認識了一個網友——一個二十歲的男生，兩人發展到見面約會，吃了飯又去喝酒。

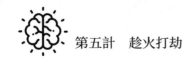

結果在醉酒的狀態下，牡丹被男孩帶回家，當她第二天醒來的時候，發現自己被性侵了。

「怎麼會發生這種事？在韓劇裡根本不可能啊！」這居然是牡丹面對我時的反應。原來，牡丹和校園裡很多女生一樣，熱衷追韓劇，甚至把劇中的一些情節和觀念帶進了現實生活。

「在韓劇裡，都是女生和男生約會喝酒，男生藉酒表白，兩人喝醉了回家，共處一室，甚至共睡一床，但什麼事也沒有發生。」牡丹對這樣的橋段充滿嚮往，盼望自己也能有如此浪漫的經歷，可是，現實並沒有按照韓劇的劇情發展。

面對沉迷於韓國偶像劇、一心追求浪漫、毫無戒備之心而遭性侵的女生，該如何保護與引導？

看著哭得梨花帶雨而又一臉「天真」的牡丹，我沒有「憐香惜玉」，而是在她的傷口上撒了把鹽 ──「趁火打劫」。

第一招：當頭棒喝，提醒報警

我並沒有安慰牡丹，而是要求她詳細敘述事件的經過，並且錄音。牡丹說那個男生是以慶祝生日的名義約她吃飯的，吃飯時男生不斷讓她喝酒，她禁不住勸，就喝了好多的酒，後來她就迷迷糊糊的被男生帶回家。她不知道怎樣上的床，在迷糊中她只知道男生壓在她的身體上不斷折磨她，一晚上好像被折磨了數次。第二天早上她是被痛醒的，下體火辣辣的痛，下床走路更是痛得要命。

我嚴肅的看著她，一板一眼的問，「妳知道妳被強姦了嗎？」

「不知道，韓劇裡沒有這樣的劇情。」她低下頭。

「妳知道強姦罪嗎？」我嚴肅的問。

「聽說過，但不太清楚。」她仍然低著頭。

「根據《刑法》第二百二十二條第二項之規定，明知被害人係不滿十四歲，仍與其多次發生性關係，應當以妨害性自主罪追究其刑事責任，並從重處罰。」我大聲說。

「他要被抓起來嗎？」牡丹抬起頭。

「是的，他已經違法犯罪了，必須追究其刑事責任！」我一字一句的說。

「哦，原來如此。」牡丹眼睛中都是淚水，不知是為了自己，還是為了那個男孩，或者是為了那個晚上所發生的事情。

第二招：打破韓劇夢幻，走出迷情

讓大批觀眾為之沉迷的韓劇究竟有著怎樣的殺傷力？想必凡是看過韓劇的人都能體會個中滋味。韓劇的模式一直都是養眼的男女主角，或是「高富帥」或是「白富美」，都長著一張三百六十度完美無死角的臉。劇中的俊男美女、美人美景充分展示了生活的雅致和溫情、唯美和純淨，給觀眾一劑釋懷壓力、舒緩心情的靈藥。它為觀眾營造出一個美好的夢境 —— 生活之美好，服裝之華麗，異性之優秀，愛情之深刻。

　　與其說韓劇中的俊男美女迎合了觀眾的審美趣味和渴望，倒不如說韓劇是將觀眾從殘酷現實的絕望中拯救出來，實現了對庸常現實的短暫逃離，以及對美好愛情和靈魂的追逐。它填補了觀眾內心的空虛和對情感的飢渴，滿足了對異性的所有想像，讓人們的心靈得到慰藉。

　　面對為韓劇而瘋狂的牡丹，我必須打破她的夢幻，讓其回歸殘酷的現實。

　　「妳最喜歡哪一部韓劇？」我問。

　　「當然是《來自星星的你》，我已經追了二十多次了！都教授就是我的男神！」牡丹一臉的興奮。

　　「哦，妳喜歡都教授什麼？」我平靜的問。

　　「我嚮往轟轟烈烈的、純潔的愛情，都教授和千頌伊的愛情就是我的夢想！都教授三番五次搭救千頌伊，都教授催人淚下的告別話語，都讓這段戀情成為絕戀！一輩子都無法忘記！我就喜歡都教授！」牡丹熱情大喊。

　　「妳怎麼看都教授和千頌伊的性愛的？」我潑了一盆冷水。

　　「沒有性愛！都教授和千頌伊多次同室過夜，都保持了坐懷不亂，沒有做愛。」牡丹非常不滿的白了我好幾眼。

　　「你的爸爸媽媽做愛嗎？」我還是平靜的問。

　　「不知道，我沒看見過。嗯，不做愛，我是哪裡來的？」牡丹開始沉思。

　　「在有分級限制的韓國偶像劇裡，是基本沒有性的，只有

純潔的愛。這種韓劇文化充斥校園，讓女孩進入了一種觀念誤區，和異性的交往失去了該有的警惕心，晚上妳們輕易的和男孩單獨出去，甚至約會之後到男孩家過夜。然後，就像妳一樣發生了不該發生的事件，讓妳的身體和心靈都受到創傷。」我看著她的眼睛真誠而坦率的說道。

「哦，韓劇也會騙人的。」牡丹幽幽的說。

「為了吸引觀眾的眼球，殘酷的現實是可以穿上美麗的衣裳的！妳要有一雙智慧的眼睛和一顆讀懂世界的心靈！妳覺得那個男生愛妳嗎？」我認真的說。

「他只是要宣洩他的性慾吧，不會愛我的。」牡丹長嘆一口氣，開始抽泣。

「妳準備怎麼辦？」我不給她留有餘地。

「聽你的，我一定要報警，讓他受到懲罰！」牡丹停止抽泣，咬了咬牙。

第三招：手撕韓劇，正本清源

儘管有些人視韓劇為「狗血」和「泡沫」，認為韓劇脫離現實，使愛看韓劇的女性對愛情的要求變得不切實際，但韓劇對中國觀眾的誘惑力依然不減。相對於那些讓觀眾破夢的影視劇而言，韓劇的魅力在於它是為觀眾造夢的。與其說觀眾是在追韓劇，不如說他們是在追夢。他們當中的很多人雖然明明知道韓劇是騙人的，是影視工業生產出來的產品，是美麗的童話，可依然有人無可救藥的愛上韓劇。韓劇成為觀眾對失望生活和

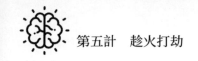

失意愛情的一種寄託和補償，從而增強了觀眾對這個世界的信任和信心。

韓劇之所以在中國廣受推崇，除了滿足觀眾的審美需求和情感期待外，一個深層次的內因歸結於中國文化與韓國文化的同質性。有人說，韓風之所以能在中國勁吹，是以儒家文化為核心的「漢流」在發揮著重要作用。也就是說，兩國的深層文化蘊含著許多共同和相似的文化內涵，即儒家文化的同根性。韓國透過韓劇將「仁義禮智信」的儒家思想文化的精髓演繹得爐火純青，使儒教思想和東方文明所倡導的人性和文化精髓在韓劇中得以發揚光大，這恰恰彌補了中國影視業的短處。

韓劇為什麼讓一些中國觀眾成「花痴」？歸根結柢是它激發了觀眾對美好未來的憧憬和想像幸福的能力。假如生活的貧乏，讓觀眾連想像幸福的能力都喪失了，那才是真正殘酷的人生。而韓劇的成功正是給予了觀眾「真愛戰勝一切」的美好期待和想像。

正本清源，可以追韓劇，但不能沉溺於韓劇中不能自拔，不能把夢想當作現實。

第六計　聲東擊西

　　本計出自杜佑（西元七三五至西元八一二年）所著《通典》第一百五十三卷〈兵六〉一章：「聲言擊東，其實擊西。」歷代兵法對此計均十分重視，《百戰奇謀》說：「聲東而擊西，聲彼而擊此；使敵人不知其所備，則我所攻者也，乃敵人所不守也。」

　　聲東擊西原指造成要攻打東邊的聲勢，實際上卻攻打西邊，是使對方產生錯覺以出奇制勝的一種戰術；比喻製造假象，迷惑敵人，出其不意的一舉奪勝。在心理危機介入中，聲東擊西引申為心理輔導教師不斷變換話題，不斷探尋問題的實質，以求化解危機。

▎屢次墮胎，不能自已

　　幾乎所有人都聽過「孩子是國家的未來」這句話，可是人們並沒有真正領會這句話的含義：孩子屬於社會，而不僅僅屬於他們的父母！這句話不只表示孩子將成為未來社會良性發展的力量，還有另一層重要的含義：如果孩子的心靈受到創傷，無法發展完善的自我與人格，日後將會為更多的人帶來消極的影響。

　　孩子屬於社會，女孩子尤其是屬於社會。近年來人們越來

越多的談到「一個好女人，三代好兒孫」。有個無須爭論的事實是：所有的人都是女人生的，並且在生命的初期女人也是主要的撫育者。試想一下，當一個女人自我混亂，情緒不穩定，自我價值感低，每天生活在恐懼和焦慮中，她的孩子能健康成長嗎？這個無法健康成長的孩子長大後生下來的孩子又能健康成長嗎？

紫涵（化名）是一名高中女生，濃妝豔抹，花枝招展。她說，現在在她們這個群體裡，已經談戀愛的同學看沒有談戀愛的同學就像看稀有動物。她已經懷孕墮胎三次了。為了不想讓母親知道，每次她都到處找人借錢，偷偷的把孩子打掉；去做手術時，別人都用異樣的眼光看她和她的男友。她說，這方面的書她看過一些，知道一些這方面的知識。她知道做這樣的事情對女生的身體傷害很大，還可能影響她以後的家庭幸福，但是她不在乎，反正沒有人愛她。她是這個世界上多餘的人，多活一天少活一天都一樣。身體是自己的，自己想怎麼用就怎麼用，沒有人管得著。

其實她一點也不愛男友，只是相互的身體需求而已，說得直白一點，就是需要性發洩與性滿足。當然，她也不可能愛上其他任何男人，就像她的母親在她父親因病死亡後與許多男人交往一樣，不過是為了滿足物質所需而已。年輕的時候，身體就是本錢，放縱也是可以的。

面對這些經歷嚴重傷害事件的孩子如何進行心理援助？

面對因原生家庭的種種問題，在性觀念、性意識和性行為方面有嚴重偏差甚至是扭曲的紫涵，我斷然採用了聲東擊西的策略，忽左忽右，不斷的刺激引導她。

第一招：回放創傷，宣洩痛苦

我們生命中的各種喪失，以及與美好事物的告別，是我們生命的常態。比如說，親密或愛情不是永恆的，有相聚就會有分離；青春不會永駐，生命總會消亡；工作也不會永遠順利，會有一些低谷。這些才是我們生命的常態。所以，與其一直沉溺於那些美好，不捨其離去，不如考慮如何面對喪失，去面對生命中不太好的部分。

能夠面對喪失，能夠經歷哀悼，允許自己和美好的事物告別，接受它的逝去，並且踏上新的旅程，迎接新的開始，對我們來講是一個更重要的心理歷程以及更成熟的人格狀態。

「妳還記得爸爸是什麼狀況下去世的嗎？」我不動聲色的問。

「記得，那年我十歲，是一個星期天。媽媽帶我到醫院，醫生說我爸爸已經走了。我看見爸爸的身上蓋著一塊白布，我跑上前去扯下白布，看見爸爸沒有血色的臉！媽媽大哭起來，我抓住爸爸冰冷的手，叫爸爸起來，我沒有流一滴眼淚，我覺得爸爸是太累了，在睡覺！我自始至終沒有哭，只是媽媽哭。我好壞，爸爸去世，我竟然哭不出來……我不是好女兒，一點都

不孝⋯⋯」紫涵臉部肌肉劇烈抽搐，眼淚奪眶而出。

「爸爸去世後，妳媽媽就再婚了嗎？」我問，不動聲色。

「沒有，媽媽再婚是好幾年以後的事了。我媽媽不好也不壞。」紫涵聲音裡沒有感情。

「媽媽不好也不壞？妳能具體說說嗎？」我追問。

「媽媽身體很弱，沒有什麼力氣。爸爸在時，家裡的所有農事都是爸爸做。沒有了爸爸，家裡的田都荒了，吃飯都成了問題。唉⋯⋯」紫涵長長的嘆了口氣。

「哦，日子怎麼過？」我再次追問。

「媽媽年輕時挺漂亮的，好多人喜歡。經常有叔叔來找她。」紫涵一個怪笑。

「叔叔？妳喜歡他們嗎？」我沒停止追問。

「他們個個都很壞，都是色狼！沒有一個好東西！我看見過幾個，和媽媽在床上，我用木棍打他們！」紫涵咬牙切齒。

「嗯，妳恨男人？」我問。

「恨？」紫涵發呆了好一會，「不清楚。可是我又和他們上床，唉！」紫涵的臉部肌肉再次劇烈抽動。

第二招：回憶幸福，感受親情

親情是人間最溫暖的陽光，感受親情既是撫平心靈創傷的妙藥，也是激發生命力量的泉源。

我告訴紫涵，我要和她玩個遊戲，她爽快的答應了。在我

的引領下，紫涵閉上雙眼，放鬆身體，放空心靈，進入了冥想狀態。在想像中，她看見了一隻雪白的小羊和一頭龐大的大象在一片空曠的原野上追逐嬉戲，她時而坐在象背，時而掛在象鼻上，時而拉住大象尾巴，玩得不亦樂乎……突然，前面樹林裡竄出一群惡狼，撲向小羊，大象奮不顧身的衝向狼群與牠們展開激烈的搏鬥，最後趕走了狼群！一隻漂亮的綿羊跑了出來，與大象、小羊載歌載舞，歡慶勝利！

我讓紫涵帶著這美好的畫面回到現實中來。紫涵說，大象是他的爸爸，爸爸一直在保護她；綿羊是媽媽，媽媽是愛她的，希望她活得好好的；小羊是她自己，心地善良、簡單，需要保護。

第三招：討論現實，回歸本心

在心理學領域，尤其是精神分析的領域，威尼科特（Winnicott）、科胡特（Kohut）等一些精神分析學家都談到，心理諮商的過程，某種程度上，是一個再養育的過程。當然它跟一般意義上的再養育不太一樣。因為，對於成年人的再養育，其實是童年傷到了、卡住了的一種狀況，可能需要重新修復，也許有些地方沒法修復，只能代償。但無論如何，都需要回歸本心，作為一個有血有肉的人存在。

「妳第一次發生性關係是在什麼情況之下？」我輕聲問。

「我十四歲生日。一個男生追我好久了，他叫我到他家，

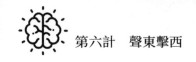

說要幫我過生日，喝酒了，後來就上床了，我的第一次就給他了。」紫涵面無表情。

「妳愛他嗎？」我問。

「愛？沒有，只是不討厭。」紫涵一笑。

「妳第一次墮胎是什麼心情？」我又輕聲問。

「很複雜。一方面我覺得自己好倒楣，才沒玩幾次，就要做手術，非常怕，怕痛，怕死；另一方面我有點幸災樂禍，有一種報復母親的感覺，都是她害的，要不是她有那麼多男人，我也不至於小小年紀就成為墮胎女人！同時，我覺得對不起爸爸，要是他活著，我真沒有臉見他！我太不要臉了！」紫涵放聲大哭起來。

「為什麼一而再，再而三的墮胎？」我不放過她。

「我經不起誘惑，有人追我，給我好吃好喝的，會哄我，我就會跟他上床。」紫涵深深的低下頭。

「想過以後的生活嗎？」我追問。

「想過。其實我非常希望遇到一個對我真心真意的男生，愛我，保護我，無論我貧富、健康與否都能夠與我同甘共苦，相濡以沫，共度一生。我在夢中經常遇見，好希望夢想成真！」紫涵咧嘴笑了，一副天真模樣。

「要夢想成真，妳該如何做？」我用眼神鼓勵她。

「當然要做個好女孩！不能像過去那樣醉生夢死，要堂堂正正做人，踏踏實實做事！」紫涵大聲回答。

「好，但願妳一諾千金，做一個自律的女孩！」我也大聲說。

「謝謝老師！請老師幫助我！」紫涵恭恭敬敬的鞠了個躬。

本案例所要解決的問題——「擊西」，是紫涵的性觀念、性意識和性行為，如果輔導一開始就直奔主題，可能會導致紫涵的心理防禦與心理對抗。為有效達到「擊西」的目的，我先開始「聲東」：讓紫涵回放創傷性事件，打破了她的防禦心理，建立了諮商關係；讓紫涵在冥想中回憶幸福，撫平其心理創傷，為性問題的輔導打下心理基礎。

第七計　無中生有

本計出自老子《道德經》第四十章：「天下萬物生於有，有生於無。」無中生有常見於古典文學作品中，如《脂評石頭記》第二回中寫道：「欲謂冷中熱，無中生有也。」

無中生有原指本來沒有卻硬說有，現形容憑空捏造。在心理危機介入中，無中生有引申為心理輔導教師為來訪者植入積極信念，守持良好心態，面對問題能換位思考。

▌滿嘴道理，不堪忍受

兩千多年前的荀子把有效教育和無效教育區分為「君子之學」和「小人之學」。「君子之學」是從耳朵進來，進入心中，傳遍全身，影響行為；而「小人之學」則是從耳朵進來，從嘴巴出去，只走了四吋長的路途，所以難以影響整個人。

用哲學家盧梭（Rousseau）的話來說就是，「冷冰冰的理論，只能影響我們的見解，而不能決定我們的行為；它可以使我們相信它，但不能使我們按照它去行動，它所揭示的是我們該怎樣想，而不是我們應該怎樣做」。

現代心理學研究證實了東西方先哲們的觀點：從聽道理到接受道理，中間的距離可能很遠。一個人能否接納別人的觀點，首先取決於情緒，其次取決於對方的行為，最後才是對方

的語言 —— 成年人尚且如此，何況孩子。

趙正道（化名）是一名高中學生，由於在學校屢屢犯錯誤又屢教不改，被學校記過處分。趙正道的父親是公務員，是單位的主管，受人尊敬；母親是中學教師，工作兢兢業業，是優秀教師。父母素來對兒子要求嚴格，要求他為人正直、言行規矩；教育方式比較單一，講道理，一套套的道理，輪番轟炸，你方唱罷我登場，美其名曰「動之以情，曉之以理」。小時候，趙正道比較乖，一看父母開口，無論什麼事情馬上認錯，雖然免不了被轟炸一番，但還能忍受；上了中學後，趙正道一看父母開口就頭痛欲裂，火冒三丈，馬上與父母頂嘴，「舌戰群儒」，家中好不熱鬧。父母對他無可奈何，無計可施。趙正道一提起父母就氣，恨得牙癢癢。

面對趙正道的獨立抗爭與父母控制型管教方式之間的嚴重衝突，如何引導？

對於趙正道與父母之間不良的親子關係，無中生有也許是一種有效的矯正謀略。

第一招：意象導入，重構信念

我引導趙正道閉上雙眼，調整呼吸，放鬆身體，放空心靈。在我的引導下，慢慢的，趙正道在一片空曠的原野上看見了一棵孤零零的松樹，松樹長得不高，樹幹不粗，在烈日的曝晒下，松葉已經有點枯黃……忽然之間，天空烏雲密布，風來

了，並且越刮越大，松樹在大風中搖搖晃晃，但依然沒有折斷；下雨了，雨越下越大，松樹在暴風雨的摧殘之下不僅沒有折斷，反而越來越粗壯……風停了，雨住了，柔和的陽光照在鬱鬱蔥蔥的松樹上，松樹生機勃勃，綠意盎然。

我讓趙正道帶著富有強大生命力的松樹回到現實中來，他的臉色已由剛開始時的憤怒變成柔和。

「你覺得松樹代表誰？」我問。

「松樹應該代表我，原本很弱小。風雨過後，變得生機勃勃。」趙正道慢慢的說道。

「嗯，很有悟性。」我讚許的點點頭，「風雨又代表誰？」

「風雨可能代表我的父母，也可能代表他們一套套的大道理。」趙正道臉上顯出莫名的笑容。

「風雨對於松樹的成長造成什麼作用？」我眼中有笑意。

「風雨滋潤松樹，能夠讓松樹恢復生機，讓它的生命力更為頑強！」趙正道聲音洪亮的說道。

教育家杜威（Dewey）認為，教育並不是一件「告訴」和「被告訴」的事情，而是一個主動的和建設性的過程。「覺悟」始於「悟」，有「悟」才有覺知，才有覺醒。積極信念的建構也是一個「覺悟」的過程，心理教師的作用在於做好引導工作！

第二招：面對現實，調整心態

「說說你和父母的關係，好嗎？」我說話不輕不重。

「關係很僵，水火不容！他們覺得我滿身都是刺，惹不起；但是他們總擔心我做壞事，不走正道。老師，我的父母很講政治，你聽聽，趙正道不就是『走正道』嗎？太好笑了，呵呵。」趙正道有點嬉皮笑臉。

「你是不想走正道，想倒行逆施嗎？」我出手一拳。

「不是，老師，你領會錯了。我的意思是，我父親不愧是當官的，有很高的政治覺悟；我媽媽也不愧是教師，身正為範。難怪他們有說不完的大道理，一套套的。如果這些大道理都寫下來，肯定有好幾部磚頭厚的書了。當然，其中的許多大道理是反反覆覆說的，肯定是廢話連篇，根本不用讀。」趙正道滿臉嘲笑。

「有沒有值得一讀的道理？」我語氣平和。

「一定有的。畢竟他們都是大學畢業，又有豐富的人生經歷，生活經驗豐富，說出來的話有許多是值得一聽，值得好好想一想的。」趙正道一改痞子的樣子。

「嗯，挺客觀的。看起來，爸爸媽媽在你心目中還沒有糟糕透頂。」我用欣賞的眼光看著他。

「鬥歸鬥，畢竟他們是生我養我的父母，況且他們都是為我好。」趙正道摸了摸自己的腦袋。

「你的意思是說，和父母關係不好，主要問題在於你，是嗎？」我綿裡藏針。

「他們有他們的問題，我有我的問題。他們是先講道理，

講道理行不通，就批評，再不行就想透過發脾氣來征服我。你說，至於嗎？當然，我的問題也很多，過於自我，一聽話題不對味馬上對抗，並且嘴上從不認輸，讓他們下不了臺，沒有面子。」趙正道不好意思的搖頭。

「那就是說，你需要調整一下心態？」我直接點題。

「是的，我的確需要調整一下心態。如果我能夠換位思考，體諒一下父母，包容一下他們的言行，我們的關係一定會好起來，家裡也就不會雞飛狗跳。」趙正道的話聽起來很順耳。

把講道理當成教育幾乎是所有「問題家長」的通病。可是孩子偏偏不吃這一套，所以父親或母親每次的教育（講道理），最後都會變成一個人的獨奏……孩子依然我行我素。

教育是門藝術，講究的是簡單和精巧。像趙正道父母這種總愛講大道理的教育方式，其實是懶惰心態和粗糙的表現，不但無助於問題的解決，還會使問題變得愈加複雜。

第三招：接納包容，修正行為

「你怎麼看『講道理』？」我的話語中沒有一絲波瀾。

「講道理就是『明白人』對『不明白人』說話，是一種不平等關係。我的父母就是認為我什麼都不懂，他們什麼都懂，才會滔滔不絕的講道理，煩死了。」趙正道很無奈。

「你體會一下，父母愛講道理，其中有沒有對你負責、愛你的表現？」我啟發他。

「嗯，客觀的說，父母是愛我的。生活上，他們精心照顧我，盡可能滿足我的各式各樣的要求，只要是合理的。我犯錯了，他們會很難受，想方設法去彌補。媽媽說，我做錯事，她是第一責任人，是她沒有盡到媽媽的責任，她要檢討。為了我，他們忍氣吞聲，承擔了他們不應該承擔的責任，為我受過。」趙正道眼睛紅紅的，低下了頭。

「你不願聽道理，其實是對父母有情緒，是嗎？」我一語中的。

「是的，我覺得他們不尊重我，總把我當小孩子看，不給我話語權。如果他們能夠靜下心來，聽一聽我的想法，我的需求，我的願望，也許我也能夠聽他們講道理。」趙正道誠懇的說。

「看起來，你們的問題出在溝通的方式、方法上。你和父母都太想表達自己的想法，而忽略了對方的需求，不會傾聽，也沒有時間傾聽。」我直言不諱。

「就是，我太想得到話語權，沒有尊重父母，不會傾聽。」趙正道點頭認錯。

「如果你能夠包容一下父母，在態度上誠懇一點，會發生什麼變化呢？」我再次引導。

「我態度好了，父母也會變化的，起碼大道理會少講一些。我態度不好，他們心裡肯定冒火，就會想方設法教訓我。其實，他們愛講大道理都是被我逼出來的！我是自己與自己過不

去，一切都是自找的！也是我害苦了父母！」趙正道淚流滿面。

　　哲學家盧梭曾說過：「三種對孩子不但無益反而有害的教育方法就是講道理、發脾氣、刻意感動。」父母本能的愛孩子時，孩子也在本能的愛著自己的父母，愛的方法對了，愛的情感自然而然流動了，一切問題都不是問題。

第八計　暗度陳倉

　　本計出自司馬遷《史記‧淮陰侯列傳》。劉邦派大將韓信攻打咸陽，與項羽決戰。為了迷惑敵人，韓信派一萬多人馬修復被燒毀的棧道。棧道修復工程艱鉅，進度緩慢，敵人毫無戒備。殊不知，韓信的主力部隊已抄小路向陳倉進軍，很快攻下咸陽，占領關中。這就是「明修棧道，暗度陳倉」的故事。

　　暗度陳倉原指正面迷惑敵人，而從側翼進行突然襲擊；比喻暗中進行活動，出奇制勝。在心理危機介入中，暗度陳倉引申為心理輔導教師不與來訪者發生正面衝突，而是另闢蹊徑，引導其自我成長。

▌憂心忡忡，不願考試

　　家庭是社會的細胞，家長是孩子的第一任老師，家庭的氣氛與孩子的態度、情感和個性特徵有著極為密切的關係。如果把家庭看成一個三角形，那麼父親、母親、孩子便是三角形的三個角，在這個三角形中，每條邊都代表著兩個家庭成員間的關係。家庭對孩子的成長是有很大影響的，尤其是父母之間的關係，直接影響著孩子的性格形成。

　　夫妻關係很緊密，會給孩子比較均等的愛。在一個健康的家庭關係中，夫妻之間的感情是最重要的，夫妻關係比親子關

係更重要。一方面，夫妻關係很和睦，能給孩子美滿的家庭環境，由於父母關係很好，孩子也會對婚姻產生美好的感覺和嚮往，感受到婚姻就是像父母那樣相處；另一方面，父母雙方能給孩子比較均衡的愛，這樣，孩子便能從父母那裡同時體會到男性形象和女性形象，這對孩子的成長也是很有益的。

如果夫妻之間幾乎沒有感情，兩人的關係完全依靠孩子來維繫，婚姻成了「將錯就錯」。他們寧願對對方沒感情，但為了孩子，他們還是忍著，維持家庭的完整。這樣，孩子就會感受到父母關係的冷漠，心情鬱悶，出現種種心理和行為問題。

趙虎（化名）是一個明星高中的學生，個子中等，身形消瘦。他的精神狀態欠佳，坐在那裡膽怯的縮成一團，一副憂心忡忡的樣子。

趙虎在幼兒園和小學都很優秀，但是上了國中就越來越膽小，以至於不敢和同齡人玩，害怕和老師說話。特別是到了高三，趙虎一考試就緊張焦慮，成績也每況愈下。父親對孩子的教育很用心，怕寵壞了孩子，養成嬌生慣養、好逸惡勞、缺乏意志力的個性，所以除了課業上對他盯得很緊之外，他還十分注意對他意志力的培養。趙虎九至十二歲時，父親會帶著他在隆冬季節外出跑步，若趙虎沒有達到要求，父親就會罵他、打他；學習上也是如此，父親還美其名曰「挫折教育」；教育中基本上沒有表揚和鼓勵，父親還說不表揚的原因有兩點，一是怕孩子驕傲自滿，二是這幾年從孩子身上找不到值得表揚的地方。

針對憂心忡忡的趙虎，我以暗度陳倉的謀略幫助他，化解了他的心理危機。

第一招：講述關係，面對創傷

「說說你的家，好嗎？」我讓趙虎喝了口水。

「我的家，在外人眼裡應該是一個幸福的家。爸爸是公務員，單位主管，受人尊敬。媽媽是企業裡的管理人員，也有地位。可以說，我的家，吃穿行住都不用愁。父母也不會吵鬧，看起來一團和氣，相敬如賓。」趙虎語氣中沒有任何的情感。

「在外人眼裡看起來幸福，其實你沒有感受到幸福，是嗎？」我平平靜靜的問。

「嗯，幸福的家庭都一樣，不幸的家庭各有其不幸，唉……」趙虎的長嘆猶如出自一個年邁老人。

「父母親的關係有什麼問題嗎？」我點了點題。

「我爸爸風流倜儻，博學多才，有權有位。媽媽老擔心他在外面出問題，一聽到關於爸爸的流言就寢食不安。但媽媽又非常能忍受，自己一個人常常默默流淚，不會和爸爸大吵大鬧。我其實很擔心媽媽，唉！」趙虎愁眉不展。

「媽媽身體狀況如何？」我輕聲問。

「好不到哪裡去，媽媽常年吃藥。關鍵是心情憂鬱，媽媽有較嚴重的憂鬱症。不要看她在外面有說有笑的，其實都是裝給別人看的，她必須保持一個好的形象。媽媽心裡很苦，活得很

累，唉！」趙虎對媽媽的擔憂顯而易見。

「你對爸爸有抱怨，是嗎？」我換了個角度。

「怎麼說呢？爸爸在家裡幾乎沒有笑容，看上去很嚴肅，我有點怕他。他對我要求很嚴格，事事都必須做到最好。我十幾歲的時候，冬天一大早，爸爸會帶我出去跑步，跑很遠。我跑不動不想跑，爸爸就很生氣，對我又吼又罵，甚至打我耳光，說我不像男子漢，老給他丟臉，現在我還記憶猶新。」趙虎一臉苦笑。

「你對父母的關係有什麼看法？」我打破砂鍋問到底。

「我覺得他們有點虛偽，關係冷漠又裝出好夫妻的樣子。表面上看，他們是為了我維持關係；實際上，他們是為了自己的面子，為了社會地位。爸爸說如果他不是想往上走，也許早就不要這個家了。我的家，早就名存實亡了，唉……」趙虎突然放聲大哭。

問題表現在孩子身上，根源在於家庭、在於父母。花有問題，本質上多半是根出了問題。我「明修棧道」，從趙虎的家庭關係入手。

第二招：痛定思痛，重構信念

「說說你的課業，可以嗎？」看趙虎的情緒平穩下來，我遞給他一張衛生紙。

「我的成績原本挺好的，小學時一向優秀，年年是模範生。」趙虎臉上有了笑容。「國中成績也不錯，所以我能考上第

一志願高中。上了高中，我的學習成績是每況愈下，真的有點糟糕。好漢不提當年勇了，唉！」趙虎有點痛苦。

「有什麼事情發生嗎？」我緊咬不放。

「媽媽經常以淚洗面，我天天擔憂她。爸爸升官了，位高權重，在家的時間越來越少，風言風語越來越多。媽媽越來越不開心，老說活著一點意思都沒有，要不是擔心我，她早就不想活了。」趙虎唉聲嘆氣，臉部肌肉抽搐。

「你是因為媽媽沒有心思念書？」我一針見血。

「你說的沒錯。我在學校老擔心媽媽出事，擔心媽媽一時想不通就離開我，我會成為孤兒。他們一直要求我考上城裡的大學，可是城裡離家這麼遠，萬一媽媽有事，我想照顧她都不可能。我寧願放棄課業，也不想離開媽媽！」趙虎和盤托出心中的顧慮。

「嗯，你是為了媽媽在犧牲自己的前途。」我說出了他心中的話。

「是，媽媽生我養我不容易，我的前途與媽媽的生命相比不足掛齒！」趙虎目光堅定。

「對於你目前的狀況，媽媽是怎麼想的？」我逼問。

「看見我的成績江河日下，媽媽更加痛苦了。她說我是她活在這個世界上的唯一理由、唯一希望，要是我考不上城裡的大學，她就沒有活下去的價值與意義了。要想讓她體面的活下去，我必須奮發圖強，不屈不撓，無論如何都要考上城裡的大

學。魚與熊掌不可兼得，我該怎麼辦？老天，幫幫我吧！」趙虎吶喊。

「魚，我所欲也；熊掌，亦我所欲。兩者完全可以兼得！」我大聲說，「考上城裡的大學與媽媽好好活下去一點都不矛盾，而且是相得益彰！」

「啊？是嗎？相得益彰！」趙虎緊鎖的眉頭有點舒展開來。

「是的，媽媽的願望實現了，她的體面就有了，她的生命價值就凸顯出來，她就會好好的活下去！」我斬釘截鐵。

「原來如此！我實現了媽媽的願望，媽媽就有活下去的勇氣和理由，哈哈，我懂了！」趙虎一下子跳了起來。

人都會有執念，不知變通；會當凌絕頂，才能一覽眾山小。「暗度陳倉」解決趙虎的不合理信念，樹立「魚與熊掌完全可以兼得」的合理信念。

第三招：調整心態，奇蹟出現

我讓趙虎把左右手的手腕線併攏，看看自己的左右手掌是否一樣大。趙虎說左手掌小一點、手指頭也短一些。我讓他閉上雙眼，把左手掌往前虛空平伸，把意念集中在左手掌，在我的引領下進行深呼吸，想像著左手掌越變越大、手指頭越來越長，定格！當趙虎睜開眼睛，把左右手的手腕線併攏的一剎那，他驚呼：「奇蹟！奇蹟！左手掌比右手掌大，左手的手指頭比右手的手指頭長出了一大截。」

「你從這奇蹟中領悟到什麼？」我問。

「積極的心態像太陽，照到哪裡哪裡亮，奇蹟就在自己心中！我一定能夠考上城裡的大學，媽媽一定會活得好好的！」趙虎一臉自信。

原本的宇宙是沒有問題的，那是一個無問題的宇宙。如果你在宇宙中發現了問題，那問題一定是「心」的，而且只能是你自己的心。你賦予宇宙美好，宇宙必然回報你「奇蹟」。

第九計　隔岸觀火

　　本計名最初見於唐代僧人乾康的詩：「隔岸紅塵忙似火，當軒青峰冷如冰。」而其思想，則早見於《戰國策‧燕二》「鷸蚌相爭，漁翁得利」的故事：蚌張開殼晒太陽時，長嘴鳥去啄吃牠的肉，被蚌夾住了嘴巴，互相爭持不下，結果被漁翁一起捉住了。

　　隔岸觀火原意為隔著河看失火；比喻置身事外，靜觀其變，坐收漁利。在心理危機介入中，隔岸觀火引申為心理輔導教師置身事外，不為事件所困擾，面質澄清，抽絲剝繭。

▌愛滋恐慌，如何疏導

　　愛滋病，即後天免疫缺乏症候群（Acquired Immune Deficiency Syndrome，AIDS），是因為感染人類免疫缺乏病毒（Human Immunodeficiency Virus，HIV）後導致免疫缺陷並發生一系列機會性感染及腫瘤，嚴重者可導致死亡的症候群。目前，愛滋病已成為嚴重威脅世界人民健康的公共衛生問題。它把人體免疫系統中最重要的 T4 淋巴細胞作為攻擊目標，大量吞噬，破壞 T4 淋巴細胞，從而破壞人的免疫系統，最終使免疫系統崩潰，使人體因喪失對各種疾病的抵抗能力而發病並死亡。科學家把這種病毒叫作「人類免疫缺乏病毒」。愛滋病病毒在人體內

的潛伏期平均為十二至十三年，感染了愛滋病病毒的人在發展成愛滋病病人以前，外表看上去與正常人一樣，他們可以沒有任何症狀的生活和工作很多年。

愛滋病在日常生活中不會引起傳染，暫無預防疫苗，本病的預防在於加強自我保護意識。

大學入學考結束後十多天的一個晚上，我突然接到一個家長的電話。聽起來電話那一端家長非常著急：「徐老師，你無論如何都要救救我的孩子！我孩子說他已經得愛滋病了，現在一天到晚窩在家裡，不吃飯，不睡覺，口口聲聲說不活了，要自殺……」

小李（化名），男，十九歲，某校高中畢業生，個子高高的、瘦瘦的，垂頭喪氣，歪斜著身體癱坐在椅子上，一副風一吹就要倒的樣子。

小李用蚊子般細小的聲音講述了他得「愛滋病」的經過：那是大學入學考結束的第六天，小李在兩名同學的邀請下去了一家網咖打遊戲。打到半夜，三人結束了遊戲。他們剛走出網咖就看見一家洗腳店的霓虹燈高高亮著，其中一同學提議去洗腳。小李本不想去，但經不起兩名同學的力勸也就走進了洗腳店。一進洗腳店，三個二、三十歲的女人就前來為他們服務。其間，三個女人不斷的說「黃色笑話」。小李是第一次去洗腳店，沒見過這樣的世面，感到很尷尬，身上不斷起雞皮疙瘩。回家的那天夜裡，小李睡覺很不踏實，夢中老見到一個奇形怪

狀的女人。第二天，小李偶然發現右腳的腳背好像有一個傷口，看上去流過血。小李突然緊張起來，認為自己的腳被那個洗腳的女人弄傷了。就在那時候，小李發現左手掌處和右腿上有一粒粒的疱疹狀的東西，他一下子嚇壞了，「難道我得了愛滋病？」小李趕緊打開電腦，一上網就看到一幅愛滋病人帶狀疱疹圖！小李感到天昏地暗──「完蛋了，我得愛滋病了！」接下去幾天，他感到全身發熱、咽喉腫痛、上吐下瀉。父母被嚇壞了，趕緊送他去醫院進行全面檢查，做了全套的血檢。醫生診斷是重感冒，與愛滋病無關！但小李堅信，自己就是得了「愛滋病」。

面對這樣一個「愛滋病患者」，如何進行有效輔導，幫助他消除「愛滋病」恐慌？

我覺得隔岸觀火是解決小李「愛滋病」恐慌的好計策。

第一招：置身事外，澄清觀念

首先我對小李進行同理，以獲取他的信任，接著還運用澄清技巧進行觀念的輔導與矯正。

「你覺得愛滋病的感染有哪些途徑？」我一字一句的問。

「我查過，有三種。」小李老老實實的說。

「嗯，哪三種？」我追問。

「母嬰傳播、性接觸和血液感染。」小李認認真真的回答。

「你說得很對。我們可以討論一下。」我肯定了他。

「母嬰傳播是根本不可能的。」小李淺笑了一下，臉上第一

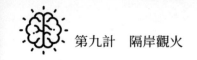

次有表情。

「那是性接觸？」我故意問。

「老師，怎麼可能？你把我看成什麼人！」小李急了，音量加大了。

「這也是一種感染途徑啊！而且是主要途徑。」我沒有放棄。

「老師，我向你保證，我絕對沒做過那件事！我絕對不是那種人！」小李一下子從椅子上跳了起來。

「好，我相信你！」我朝他笑了一下，「那麼血液是怎樣感染的？」

「血液感染有兩種方式。」小李平靜了一些。

「嗯，請說。」我臉無表情。

「一種是共用針筒，透過針頭感染。」小李說。

「嗯，你共用針筒了嗎？」我問。

「老師，你說笑了，沒有這樣的事。」小李又笑了一下。

「另一種方式是什麼？」我又追問。

「傷口感染。首先，傳播者是愛滋病患者；其次，傳播者剛好有傷口，並且出血。」小李條理清晰的回答。

「嗯。」我回應。

「還有，被感染者必須也有傷口；傳播者的血剛好接觸到被感染者的傷口。」小李補充道。

「不錯，了解得挺清楚的。」我點了點頭。

「當然！我查了許多資料。」小李再笑了一下。

「那麼，你確定幫你洗腳的那個女人是愛滋病患者嗎？」我再次追問。

「我不知道。」小李聲音很小。

「假設那個女人就是愛滋病患者，她怎樣做才會把病傳給你？」我接著問。

「她的手上一定要有傷口。」小李小心回答。

「你看見她的手在流血嗎？」我步步緊逼。

「沒有。她的手看起來挺白的，看不出有什麼問題。」小李莫名一笑。

「她幫你洗腳期間，有其他人說她手上有流血的事情嗎？」我還是沒有停止。

「沒有。沒有人說過這樣的話。」小李想了一下說。

「她有沒有發出過疼痛的聲音？」我句句戳心。

「沒有，她一直有說有笑的。」小李臉部表情放鬆了許多。

「你見過她手上纏著繃帶或者是OK繃嗎？」我進一步追問。

「沒有，我記得清清楚楚。」小李聲音大了許多。

「那她用嘴在你的腳背上咬了一口，是嗎？那也是傳播愛滋病的一種方式。」我臉色陰沉。

「老師，你又說笑了，怎麼會發生這樣的事情呢。」小李笑出聲音。

「那我就不明白了，你是怎麼得的愛滋病？」我緊皺眉頭。

「老師，是我自己想出來的吧？」小李低頭想了好一會。

「嗯，你自己想出來的？」我裝出不相信的樣子。

「我覺得那種地方很髒。」小李聲音響亮。

「你是說，那地方很不衛生，是嗎？」我故意裝不懂。

「那也不是。我們是用木盆洗的。腳不是直接放木盆裡洗，洗腳水是裝在塑膠袋裡再放在木盤裡的。塑膠袋應該是乾淨的，也應該是拋棄式的。」小李認認真真的解釋。

「那麼，你說『那種地方很髒』是什麼意思？」我直搗黃龍。

「老師，說實話，我是覺得那種地方的女人很髒。」小李不好意思的低下頭，笑了。

「你意思是說，那種地方的女人品行不好，是嗎？」我一針見血。

「是。我媽常教育我，叫我千萬不要去那種地方，千萬不要和那種女人打交道。」小李紅著臉說。

「你媽是怕你被品行不好的女人引誘、學壞，是嗎？」我一不做二不休。

「我想是這樣。」小李坦誠回答。

「你現在還認為你得了愛滋病嗎？」我一語中的。

「我想，我沒得愛滋病。看起來，我是擔心自己被壞女人引誘、學壞，做出對不起爸爸和媽媽的事情。」小李抬起頭，眼睛中似乎有東西在發亮。

「很好！你真的想明白了嗎？」我語氣平和。

「想明白了！老師，謝謝你！」小李中氣十足的回答。

……

一個人面對世界種種事物的處理態度，所依據的是他的信念系統。信念是「事情應該是這樣的」，是我們所認為世界維持下去的法則，是解釋這個世界種種關係的邏輯，是支持行動變化或沒有行動變化的理由。對很多人來說，信念也就等於真理——事情本來就應該是這樣的。信念的形成有四個途徑：第一，本人的親身體驗。第二，觀察他人的經驗。第三，接受所信任之人的灌輸。第四，自我思考做出的總結。

小李出身於一個教師家庭，其父母都是小學教師。父母經常教育他為人要正派，要潔身自好，不能與社會上不三不四的人來往，更不能涉足色情場所。小李一直認為，髮廊、洗腳店都是藏汙納垢的場所，洗髮妹、按摩女都是骯髒的壞女人。那天去洗腳，小李一方面非常害怕，不明白自己怎麼會意志那麼薄弱經不住同學的勸誘，覺得自己已經墮落、變壞了；另一方面，洗腳女的「黃色笑話」勾起了他的性衝動，整個洗腳過程中他似乎處於一種暈暈的「性行為」狀態。莫名的「傷口」和「疱疹」狀疙瘩以及「愛滋病人帶狀疱疹圖」證明了洗腳女的「骯髒」，他得出「我得了愛滋病」的結論。小李惶恐、懊悔、絕望！

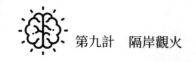

第二招：重建信念，靜觀其變

針對小李「疑似愛滋病」，我幫助他重建信念系統。

信念系統其實可以分為信念（beliefs）、價值（values）和規條（rules），並非任何信念在任何情況下都絕對有效。大部分信念都能幫助我們成長和處理生活中出現的情況，但也有少部分信念因為我們接收時沒有好好的理解和消化，或者欠缺全面的定位（與其他信念契合），在某些情況出現時，會有衝突，我們稱這些信念為「限制性信念」（limiting beliefs）。例如，從父母的話「讀好書」和「做完功課才可以玩」，很多人形成「認真與開心、成功與快樂是對立的」這個信念。這使得一個人每每做事情都處於嚴肅、緊張的狀態，這樣，就容易有心理問題。

其實，信念是可以修正、兼容的，甚至是可以暫時挪開的。

價值是事情的意義和給一個人的好處。佛洛伊德（Freud）說過，一個人做一件事，不是為了得到一些樂趣（正面價值），便是為了避開一些痛苦（負面價值）。所以，價值是做與不做所有事情的理由。我們對一件事的價值觀，在意識和潛意識裡常常有不同的價值排序。例如，一個學生老是說讀書是為了成績。但是，當他獲得優秀成績時，他還是覺得不開心。經過一些引導，他明白，其實他的內心（潛意識）很需要得到父母的肯定。由此可見，他意識裡認為讀書的最高價值是成績，而他的潛意識則把父母的肯定放在更高的位置。

價值不是永恆不變的。更確切的說，價值觀是隨著環境、

思想和情緒的變化而不斷改變的。

規條是事情的安排方式，也就是做法。規條是為了獲得價值、實現信念，當規條無效時，我們應當堅持信念與價值，改變規條。例如，很多母親因為孩子不聽自己的話而感到苦惱，她們沒有意識到在最初幾次給孩子指令但孩子沒有聽從的時候，便應該改變做法，而不是堅持使用同樣的方式。

為了解決小李的問題，我幫助小李建立起這樣的一個信念系統：足浴是社會生活中的一種休閒方式，並非所有的足浴店都是色情場所，並非所有的洗腳女都是壞女人（信念）；去足浴店洗腳不是人品變壞了，而是對社會休閒方式的好奇與嘗試，純粹洗腳感染愛滋病的機率幾乎為零（價值）；不吃飯，不睡覺，自暴自棄，不想活的做法都是錯誤的，不能不相信科學而把自己想像成病人（規條）。

第三招：因病施治，再養習慣

小李有較高的憂鬱傾向，為人小心謹慎、靦腆、笑不露齒、多愁善感、總擔心有不幸的事情發生在自己及親人身上，面臨重大情勢時常感到極度恐懼。

心理學研究顯示，習慣是一種長期形成的思考方式、處事態度。習慣是由一再重複的思想及行為形成的。習慣具有很強的慣性，像輪子的轉動一樣。人們往往會不自覺的啟用自己的習慣，不論是好習慣還是不好的習慣，都是如此。習慣的力量

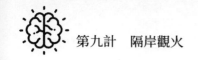

不經意間會影響人的一生。習慣是可以修正的，甚至可以改變一個人的性格；一種行為大約透過二十一天的不斷強化可以發展成為一種習慣。英國倫敦大學教授珍‧沃德爾說：「我們發現對大多數人而言，在經過二十一天堅持之後就會養成一種習慣。」為此，我要求小李做如下「開心」習慣訓練。

1. **早晚各大笑三分鐘**：早上起床後面對鏡子放聲大笑三分鐘，同時自我暗示：「我感到很高興，看，我笑得多麼開心！」晚上上床前也對鏡子大笑三分鐘：「啊，我已經度過了快樂的一天！」

2. **看幽默喜劇片、學講笑話**：從幽默喜劇片中尋找快樂，開口大笑，讓自己的笑神經豐富起來。對家人每天講一個笑話，互相感染、分享快樂。

3. **培養一種運動愛好**：在運動中強身健體，交朋結友，獲取自信，克服自卑。

4. **用「儀式」化解不良情緒**：進行潛意識的自我對話「我是一個快樂男生」，把不良的想法通通寫到紙上，並把這張紙付之一炬。

第十計　笑裡藏刀

本計語出唐朝白居易〈天可度〉:「笑中有刀潛殺人」,是白居易對唐高宗寵臣李義府的評價。《舊唐書》載:「義府貌狀溫恭,與人語必嬉怡微笑,而褊忌陰賊,既處權要,欲人附己,微忤意者,則加傾陷。故時人言:義府笑中有刀。」

笑裡藏刀原意是指口蜜腹劍,兩面三刀;比喻將內心的冷酷用笑寫在臉上,表裡不一。在心理危機介入中,笑裡藏刀可引申為心理輔導教師剛中柔外,剛柔並濟,巧妙化解危機。

▎不堪重負,意欲跳樓

有一個心理學實驗,叫「第三個籠子裡的老鼠」。每個籠子裡都有一個開關,老鼠觸碰開關籠子便會打開。第一個籠子的老鼠打開籠子就會送進來食物。由於一打開籠子就有食物獎勵,老鼠就會不停的打開籠子以尋求食物。第二個籠子的老鼠開籠子就會受到電擊,那麼老鼠就不敢去打開籠子了。第三個籠子的老鼠開籠子後可能得到食物也可能受到電擊,那麼這隻老鼠會如何做呢?這隻老鼠會發瘋,因為牠不知道接下來會得到什麼。

現在的許多孩子就如同第三個籠子裡的老鼠,一邊受到父母長輩的寵愛,要風得風,要雨得雨,就好像食物;另一邊受

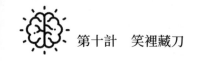
到嚴苛要求，要好好讀書，必須考試次次得第一，就好像接受電擊。生長於這種環境裡的孩子會發生什麼狀況呢？

　　吳可（化名）是一名文靜秀氣的高中生。吳可的父母都只有高中程度，數次參加大學入學考都沒有考上，沒能上大學是他們心中的痛和永遠的遺憾。對於吳可的課業，父母的要求非常嚴格，總要求她每次考試都在班級前三名；吳可考了九十八分，父母會嚴厲質問她為什麼沒能考一百分，還老說誰是年級第一名，是父母的驕傲等。生活上，父母對吳可的照顧是無微不至的，吃飯講究營養、葷素搭配；家務從不讓吳可沾手，吳可是衣來伸手；吳可有點頭疼發熱，父母馬上送醫求藥，噓寒問暖。他們為吳可設計學習計畫，有學期計畫、月計畫、週計畫，詳細到一天要完成多少作業、什麼時間完成；並規定小學讀什麼學校，國中讀哪一所，高中必須前二志願，大學肯定要上第一志願；父母的話吳可必須聽，因為都是為了她好，為了她將來能夠光宗耀祖、事業有成……吳可自幼就是乖乖女，從不和父母頂嘴，父母說什麼就是什麼，一直按照父母的設計和要求好好讀書。上了高中後，隨著學業壓力越來越大，競爭越來越激烈，吳可發現自己已經很難滿足父母的要求了；她經常感到莫名的焦慮與煩惱，常常失眠，莫名哭泣，不知道人生應該怎樣走下去，似乎有另外一種聲音在召喚她……有一天傍晚，她自己也不知道怎麼一回事，竟然爬上了教室的窗戶要往外跳，幸好她的同學死死的抱緊她。

吳可總覺得她的生命有另外一種聲音，到底是什麼聲音？我運用「笑裡藏刀」的策略讓她感受到生命的另外一種聲音。

第一招：柔性關懷，傾聽同理

「和我說說妳的爸爸媽媽，可以嗎？」我輕聲說，語氣溫柔。

「怎麼說呢？爸爸看上去像個大老粗，實際上是一個很細心的人，他的字像女生寫的一樣，娟秀漂亮。他很愛我。我從小睡相不好，老踢被子，爸爸每晚都會起來好幾次替我蓋被子。我一生病，他就會非常著急，無論工作多麼忙，他都會馬上送我去醫院，會整夜陪著我。我病重，他會流淚，也會哭……我很怕爸爸哭，一個大男人會哭，肯定是很著急、很擔心、很害怕、很心疼、很難受。我一直拚命念書，就是不想讓爸爸哭，我要讓爸爸開心，讓他笑，讓他以我為榮！我要完成爸爸沒有完成的心願，考上第一志願大學，光宗耀祖！」吳可有點激動。

「嗯，爸爸是好爸爸。爸爸也一直以妳為驕傲，是吧？」我點了點頭。

「是的，我一直以來都設法讓爸爸高興。」吳可臉上有點異樣的表情。

「哦，妳意思是說，妳一直在討好爸爸？」我追問。

「唉，我也不知道怎麼說。爸爸真的非常愛我，可是我有時會覺得我是木偶，一直被爸爸控制著。比如，自小到大，我不

能有自己的祕密，無論什麼事情都要和他說，美其名曰談心。如果有想法與他不一致，他就會對我進行訓誡，講許多大道理，讓我覺得很煩。我是木偶，被控制的木偶，唉……」吳可眼淚嘩嘩的流。

「說說妳的媽媽，好嗎？」等吳可心情平靜了一些，我又溫柔的說。

「媽媽也是好媽媽，非常愛我。媽媽對我的生活照顧也是體貼入微的，不瞞您說，到現在我還沒有洗過一次衣服，都是媽媽洗的。我也不會做飯，從來都是媽媽端上桌的。我生活能力挺弱的，還被同學笑話，說我弱智。」吳可不好意思的低下頭。

「嗯，妳的事情被爸爸媽媽代替了。」我不置可否。

「實際上，我也煩。看見同學們都那麼能幹，而我如此無能，以後到社會上如何生存？媽媽一直說，沒事，大了就會做了；不會做家務也沒關係，只要妳考上好大學，有好工作，有高薪水，可以找個傭人做家務。妳一定要努力念書，不辜負爸爸媽媽的期望。老師，您說，我這輩子是不是就是為了考上好大學而活的？是不是就是為了完成爸爸媽媽沒有實現的願望而來的？我自己人生的價值與意義是什麼？搞不明白，我真的不清楚。」吳可嗚嗚哭了起來。

父母沒有完成的心願希望由子女來完成，從他們的角度來看，也是情有可原的；父母天天想著賺錢，他們的心其實是乾涸的，希望得到子女的滋養，也是可以理解的。問題的關鍵在

於子女如何在父母的期望與實現自己的人生價值之間找到平衡點，一方面，能夠滋養父母乾涸的心田，讓他們嘗到幸福、甜蜜的滋味；另一方面，又能找到自己的人生方向和目標，實現自我價值與人生意義。

第二招：剛性出擊，當頭棒喝

「請問妳想考上大學嗎？」我明知故問。

「當然想，做夢都想！」吳可大聲說。

「妳想像一下，大學在妳心目中是什麼樣的？」我笑問。

「大學什麼樣的？」吳可閉著雙眼，自言自語，「陽光燦爛，充滿花香鳥語的地方。有許多滿腹經綸的大師，有許多心儀的實驗室，有數以萬計藏書的圖書館，有豐富多彩的社團活動，有唱不完的歌，有跳不完的舞，有許許多多養眼的帥哥，有許許多多的美女，每個人都開開心心學習，紅光滿面，神采飛揚……上大學是多麼幸福！」吳可心馳神往，陶醉其中。

「妳若從四樓跳下去，所有這些幸福與妳有關係嗎？」我突然大聲打斷她的思緒。

「老師，你太殘忍了！」吳可憤怒的情緒一下子爆發了。

「是我殘忍，還是妳殘忍？」我又提高了分貝。

「你，你，你太殘忍！事情都過去了，你為什麼不放過我？」吳可簡直是咆哮了，完全沒有乖乖女的模樣。

「妳過得去嗎？妳找到人生的價值與意義了嗎？」我壓低了

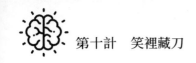

聲音，十分嚴肅的盯著她的眼睛。

「人生價值與意義，是什麼？」吳可似乎領悟到什麼，坐著發呆。

一個人看不到人生的價值與意義，就像一隻迷途的羔羊，痛苦、無助、沮喪、絕望，看不到世界的美好，也不會想到人世間珍貴的感情，只會一味固執，用結束生命的衝動終結他的痛苦。對於有自殺傾向或已經有過自殺行為的人，必須與其討論自殺所帶來的嚴重後果，督促他去尋找人生的價值與意義並心甘情願為此付出一生的努力。

第三招：親情互育，讓愛流動

「妳生命中真正渴望的是什麼？」我把話題引向深處。

「我渴望獨立。」吳可不假思索。

「妳的獨立是指什麼？」我立刻追問。

「就是自己獨立出去，不再受父母的束縛！」吳可看上去理直氣壯。

「不是。妳所謂的獨立，是在為自己找新的標準，這不是獨立。」我單刀直入。

「不明白。」吳可表現出明顯的無力感。

「父母用一系列的標準來塑造你，而妳要做的，是感受到他們標準背後單純的愛。也就是說，當妳透過父母的要求去感受他們的愛，並且把妳的愛傳遞給他們的時候，那份純粹的愛，

啟動的就是妳生命的渴望。」我指點迷津。

「我也知道他們是愛我的，所以說我也願意按他們的標準來要求自己，但是我現在已經十九歲了，一直這麼走下去，好像都成為慣性，就接著這樣走下去……」吳可喃喃自語。

「當妳真的感激這份愛，並且把妳的愛純粹的傳遞給他們的時候，愛越流動，妳的生命之河就越順暢，妳此生的渴望和使命，才會浮現出來。」我試圖撥雲見日。

「我怎樣去傳遞愛？還是按照他們想要的，滿足他們嗎？可是我……」吳可一時語塞。

「父母這樣要求，妳一方面下決心想做到，也要考上好大學，讓他們感到驕傲；但是真的做不到的時候，妳就會有挫敗感、自卑感、壓抑感、愧疚感，所以就會有壓力，活得相當沉重。而父母也不知道妳這份沉重，甚至會覺得這個沉重也是必要的，這樣妳才會更努力。妳要超越標準，感受到他們的愛，讓妳的愛流動起來去溫暖他們的心。他們就陶醉得不得了，就會在心被暖燙到的那一瞬間改變想法，想到人生一場什麼是最重要的，一個小棉襖天天纏著、愛著也挺好。」我進一步指點迷津。

「我要讓我的愛流動出來，讓他感受到我的愛。其實他們有時並沒那個意思，他們也老跟我說，『希望妳健康快樂平安就好』。我也不知道他們想要什麼，我希望按照我自己的想法走下去。」吳可的思路開始清晰起來。

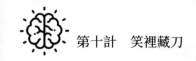

　　「人是很奇怪的，因為愛孩子，父母同時會發出自相矛盾的多重訊息，形成多重的價值觀，他們一方面希望孩子出人頭地，另一方面又說平安就好。妳選擇其中的一種價值觀來活妳的人生，說明妳有上進心，妳的生命有妳自己的屬性。」我肯定的點了點頭。「是父母的要求，還是妳自己的願望？這已經不重要，至少是一條上進的路，這不是問題的焦點，而是妳和父母之間的情感互動，只有一種方式 —— 父母發指令，妳去努力完成，假借社會價值觀來達成。所以妳要讓更多愛流動起來，讓父母感到幸福，感到陶醉，感到美好，感到有這個女兒多麼幸福滿足。」

　　「老師，你說得太好了！讓更多的愛流動起來，我的人生價值與意義自然而然就實現了，哈哈！」吳可快活的跳起來。

　　其實，人生的另外一種聲音就在父母與吳可之間愛的流動裡！

第十一計　李代桃僵

本計語出《樂府詩集·雞鳴》：「桃生露井上，李樹生桃旁。蟲來嚙樹根，李樹代桃僵。樹木身相代，兄弟還相忘？」

李代桃僵原意是指李樹代替桃樹而死；比喻兄弟相愛相助，後用來指互相頂替或代人受過。在心理危機介入中，李代桃僵引申為心理輔導老師設法連接親情，引發手足情深，避免手足相殘危機。

▍有了弟弟，姐姐鬧病

許多家長會選擇在第一個孩子進入幼兒園或小學的時候再生第二個孩子，認為大寶長大了、進入學校了，自己和老人都有時間和精力養育二胎了。其實，每個孩子在其三歲、六歲、十二歲左右都出現特別「拗」的叛逆時期，也就是孩子入讀幼兒園、升入小學、上國中的時間。在這幾個特別的時期，孩子會嘗試著對身邊的事物透過自己的「感覺」做出自己的「思考」、自己的「判斷」，也就是我們常說的「小心思」。這些「小心思」往往以自我為中心，認為新的弟弟或妹妹，無疑就是來和自己「搶媽媽」的，是對自己家庭地位和生活的嚴重挑戰！

丹丹（化名）是一個乖巧、懂事的孩子，各方面表現都不錯，深得父母的喜歡和老師的喜愛。自從媽媽生了弟弟，她的

情緒明顯發生了變化，聽見弟弟哭了，她會發出尖叫聲，甚至會大喊大叫，說弟弟煩死了，要把弟弟送人；早上去上學，一離開家就說肚子痛，並且痛得趴在地上起不來。父母被嚇壞了，馬上把她送到醫院做各式各樣的檢查、化驗，結果是一切正常，沒有任何毛病。但是，丹丹的肚子痛屢屢發生，父母帶著她跑了許多大醫院，檢查、化驗結果都是正常。

父母不知所措，找到了我，問孩子是不是有心理問題。面對一個八歲的女孩，我與她進行了一番交流，決定實施「李代桃僵」策略。

第一招：深度同理，獲悉實情

丹丹的父母本身就是獨生子女，他們「再生一個」的很大原因是，他們體會到自己作為獨生子女成長的過程太孤單，又有許多諸如以自我為中心的弊病。然而，自己身為獨生子女，卻要養育兩個孩子。自己並沒有和兄弟姐妹相處的切身經驗，卻要養育一對姐弟，協調他們的關係，這對他們來說是個很大的挑戰。當「獨生子女」父母教育「非獨生子女」時，他們的引導缺失就會帶給大寶許多委屈。

「媽媽生了弟弟後，他們照顧妳少了，是嗎？」我看著她的眼睛問。

「一天到晚就知道照顧弟弟，不管我了。」丹丹紅著眼睛說。

「妳感到有點難受？」我握住她的小手。

「沒有人愛我了。」丹丹哭了起來。

「妳裝肚子痛是希望他們關心妳，是嗎？」我遞給她一張衛生紙。

「老師，你怎麼知道的？是爸爸媽媽說的？」她一臉的迷茫。

「我看出來了，妳很聰明，妳怕弟弟把妳爸爸媽媽的愛都搶走！」我一字一句的說。

「是的，原本爸爸媽媽都是圍著我轉的。現在，我回家都沒有人抱抱我了；我有事跟他們說，他們愛理不理的，我很難受。」丹丹又哭了起來。

「可是，裝肚子痛，妳覺得把愛搶回來了嗎？」我真誠的說。

「起碼他們會陪我去醫院。老師，你不要和他們說，我告訴你，看他們著急，我心裡挺開心的，我知道他們還是愛我的，哈哈。」丹丹破涕為笑。

小女孩的「小心思」有誰知道？丹丹的一再「胡鬧」是在呼喚父母對她的關注，是與弟弟爭奪她一個人曾經獨享的愛！

第二招：連接姐弟，展望親情

許多二胎家庭會因為對新生兒的新鮮感以及新生兒特殊的生理時期（哺乳期），在短期內改變許多習慣。爸爸下班一進

門，不再抱起大寶又親又啃，卻跑到房間裡全神貫注的「端詳」小寶；媽媽晚上不能陪著大寶又講故事又哄睡了，卻和小寶日日夜夜「窩」在一起餵奶；爺爺奶奶不再為了能讓大寶好好吃飯「上蹦下跳」，而是疲於照顧家裡多人的起居飲食……在許多大寶的心裡，雖然，他們也會有好奇、歡喜、愛弟弟妹妹的想法，但是那些切切實實影響他們原本生活模式的改變仍會為大寶們帶來失落感，從而導致焦慮，責怪弟弟妹妹的誕生讓他們的「幸福童年」過早的結束了。

為幫助丹丹理解親情，看到有弟弟後滿滿的幸福，我和她玩個「動物聚會」的遊戲，丹丹很開心的配合。

我引領丹丹開始冥想。在想像中，丹丹來到一片綠茵茵的草地上，她看見大象、乳牛、長頸鹿、斑點狗等許多動物都來參加聚會，非常熱鬧，有各式各樣的美食，有許許多多的玩具。她看見一隻美麗的孔雀和一匹帥帥的小馬在舞臺中央載歌載舞，贏得滿場的掌聲和喝彩！小馬很照顧孔雀，不與孔雀搶風頭，始終讓孔雀當明星；孔雀跳舞時一不小心踩到美麗的舞衣，眼看要摔跤了，小馬眼疾手快的拉住了她，孔雀化險為夷，旋轉得更加絢麗了……

丹丹帶著這美麗的畫面回到現實中來，她說太神奇了，原來有弟弟可以過得更加幸福。她說，孔雀是她，弟弟是小馬；弟弟不會搶走爸爸媽媽的愛，是為了她的幸福來她家的，她要好好的愛弟弟，幫助爸爸媽媽把弟弟帶大！

當一個人有了新的視野，獲得了過去未曾得到的利益或者快樂，他就會認同新的狀態或現實，珍惜它、呵護它，並且努力掌握它。

第三招：由此及彼，愛要平衡

「你媽媽生了小妹妹後就不愛你了！」、「妳是女孩子，以後妳爸爸一定把財產全給弟弟了！」……在許多時候，鄰居、老人都總會拿這些不合適的玩笑逗樂孩子。成人的這些語言無形中向大寶們帶來了「被競爭」的壓力，得到「如果自己不夠好就會被取代」的訊息。

同樣，成人的不當言語所造成的不良影響，也會對小寶形成壓力，尤其在孩子年齡差距較大的二胎家庭。由於大寶已經初長成，父母也相對年長，沒有太多的精力用「童趣化」的語言和二寶溝通交流。所以，二寶從出生開始就接收了許多「成人化」的語言和思維，再加上父母和哥哥姐姐的加倍溺愛，促使二寶們會不斷嘗試著用「成人化」的玩笑方式來逗樂大家。

其實在對二寶養育的過程中，這些「敏感、焦慮、委屈、壓力」等情緒的產生都是很正常的，只是很少引起家長重視，才導致二寶的「調皮」、「叛逆」「爭鬥不休」等激烈反應，甚至造成兄弟姐妹間互存芥蒂、家庭關係不和睦等無法挽回的局面。

大寶和二寶要相親相愛，互愛互助，關鍵在於父母的正確引導：大膽愛——敞開溝通的大門，統一教育觀念，共同承擔

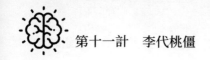

教育責任；不偏愛 —— 平衡愛的天平，有錯同罰，有愛互誇，
有衝突讓他們自己和解。

第十二計　順手牽羊

　　本計出自《草廬經略‧游兵》:「伺敵之隙,乘間取勝。」古代戰爭史上順手牽羊之計,不乏其例。如春秋時期,晉獻公借道虞國滅掉虢國,回師途經虞國時,又趁其不備滅掉虞國。

　　順手牽羊原指乘無人留意之時,把別人家的羊順手牽走一隻;比喻不費勁,乘機便獲得想得到的。在心理危機介入中,順手牽羊引申為心理輔導教師解說科學的生理、心理知識,順勢而為,自然引導。

▌春夢媽媽,我好下流

　　世界衛生組織對性心理健康所下的定義是:透過豐富和完善人格、人際關係和愛情方式,達到性行為在肉體、感情、性心理理智和社會諸方面的圓滿和協調。性心理健康是人類健康不容忽視的重要組成部分之一,近年來正越來越受到人們的重視。

　　性心理健康必須具備以下四個條件。

＊ 個人的身心應有明顯的性別特徵。如果陰陽莫辨,就難以實施健全的性行為與獲得美滿的愛情。

＊ 個人有良好的性適應,包括自我性適應與異性適應,即對自己的性徵、性慾能夠悅納,與異性能很好的相處。

＊ 對待兩性一視同仁，不應人為的製造分裂、歧視或偏見。
　 對種種歷史原因形成的一切與科學相悖的性愚昧、性偏見
　 及種種謬誤有清楚的認知，理解並追求性文明。

＊ 能夠自然且高品質的享受性生活。

　一天，十三歲的應天一（化名）走進我的工作室。他看上去
疲憊不堪，萎靡不振。

　「情緒不高？」我看著他的眼睛問。

　「嗯，打不起精神。」他躲避我的眼神說。

　「可以聊聊嗎？」我遞給他一杯水。

　「我是垃圾，沒有人會看得起我。」他低著頭，輕聲說。

　「為什麼會有這種想法？是發生了什麼事情嗎？」我問道。

　「老師，我說了，你也會看不起我。我是一個卑鄙下流的
人！」他抬頭看了我一眼，然後又重重的垂下頭。

　「每個人都有自己的經歷，你覺得見不得人的事情，或許只
是你自己的偏執想法，實際上並沒有多麼不堪。可能許多人也
有過和你同樣的經歷呢。」我嘗試先安撫他的情緒。

　「真的嗎，老師？」天一抬起頭，用急切的眼神詢問我。

　「當然是真的，我曾聽過許多故事，這些故事雖然發生在
不同人的身上，但是情節往往是大同小異。很多人把自己的問
題絕對化、唯一化，以為只有自己才會遇到，其實這些問題往
往是每個人的成長過程中都會經歷的困惑。你認為自己卑鄙下
流，也許只是你對一些人性的真實表現的誤解，或許根本不是

與人品相關的大事。你可以具體和我說說你發生了什麼事情嗎？也許我可以幫助你。」我也以認真誠懇的眼神回應他。

「哦，如果真是這樣……」天一呼出一口大氣，「那我說。」天一右手一揮，下了決心，「老師，我告訴你，最近我老做夢，夢見和媽媽一起放風箏，可是放著放著，我就突然脫光了自己的衣服……我去追媽媽，想要擁抱媽媽，可是還沒碰到媽媽，我就被嚇醒了……」天一說著說著，就嚎啕大哭起來。

原來，天一與所有青春期少年一樣，出現性幻想，做春夢了！那麼面對青春期少年的這種狀況，我們應該如何引導？

天一是由於青春期性發育，加之缺乏性健康知識和道德倫理觀念的自律，自我認知發生了偏差，把春夢當作現實而自責、自罪。一旦了解和掌握了性心理健康知識，天一的心理危機就能自然而然化解，的確是「順手牽羊」。

第一招：疏導負面情緒，解釋青春期性知識

我沒有制止天一的哭泣，等他哭夠了，情緒穩定下來，我才笑著對他說，「恭喜你長大了，年輕人！」面對他不解的眼神，我拿出一些與青春期有關的圖片，向他講解身體的結構、性的生理發育以及由此帶來的性心理變化、性幻想和春夢。

我告訴天一，人的性心理發育可分為五個階段。一是生殖器前期，包括口腔期和肛門期。在此階段，嬰幼兒的吸吮活動、大便的排洩和滯留均可使其獲得快感。二是自戀期。在這

一階段，孩子對自己的生殖器產生興趣，用手玩弄生殖器成了獲得快感的主要行為。三是亂倫期。男孩的性愛對象選擇是母親，而女孩子則多偏愛父親，對同性的尊親產生忌妒或仇恨。四是同性戀期。這一階段的兒童迷戀同性的玩伴，不喜歡與異性來往。五是異性戀期，也稱為生殖期。這一時期的青少年把興趣逐漸轉向異性，尋求與異性的結合成為主要的性行為。此時，個體的性心理發育便趨向成熟。

天一對媽媽產生性幻想、做春夢是正常的性心理，因為媽媽是他生命中出現的第一個女人，也是他最親、最熟悉的女人，還是最愛他的女人。他正處於性心理發育的第三個階段，春夢與道德倫理沒有任何的關係，根本無須自責，更不用自罪；接納、認同自己當下的性心理狀態，把更多的精力投入體育活動、學習和生活之中，問題會自然化解，無須多慮。

聽完我的講解，天一慢慢釋懷了，不好意思的笑了，「原來這個年齡階段大家都會遇到這樣的情況。這說明我要長大了，要成為男人了。」

第二招：分析家庭關係，改善親子相處模式

在天一的成長過程中，父親似乎是「影子存在」，常年在外，幾乎沒有好好陪伴過他；是母親一手把天一拉拔長大，對他精心呵護，幾乎形影不離。同時，由於父親常年不在家，天一也慢慢的成為母親的情感依靠。雖然天一十歲起，就和媽媽分房而眠，但是媽媽在感到孤獨寂寞的時候，就會把天一叫到

自己的房間睡覺，母子之間簡直是「剪不斷理還亂」，天一比一般同齡男生有更重的「戀母情結」。

我與天一的母親詳細的分析了天一的性心理問題，並就其問題的成因做了探討，希望她在情感表達、行為舉止上能夠給予天一正確的引導。她深刻反省，信誓旦旦要為天一身心健康成長負起一個母親的責任，改善自己的言行舉止。

第三招：引導坦然面對，知性、懂性、悅納性

性心理健康作為身心健康的一部分，與人的身體構造、生理功能、心理特質和社會適應密切相關，因而影響性心理健康的因素也是多方面的。一是父母的特質，在相當大的程度上，遺傳基因和胚胎發育決定身心的狀況。二是本人，因為個人自懂事起，便對自己的身心發展擁有一定的支配能力和責任。三是家庭與社會的教育。凡生活在科學文明的社會和家庭環境的人，往往都能自然、自主而愉悅的面對性、對待性，而在談性色變的家庭或社會環境裡，人被迫對性產生骯髒、神祕、不光彩的認知，這種逆自然性的精神狀態，與自然的人生需求的衝突和抗爭，往往扭曲人性。這不僅導致性心理的不健康，而且會對人的一生產生不良影響。

因此在青少年成長發育過程中，父母和學校應在適當的時機，用恰當的方式，合理適度的向青少年普及性知識和性心理知識，引導青少年正確看待自身的生理、心理變化和需求，接納自己的正常生理表現，將性衝動轉移到學習、運動、和異性正常交

往等方面上，及時化解心理危機和對立，實現身心健康發展。

第十三計　打草驚蛇

　　本計出自宋代鄭文寶《南唐近事》：南唐時，有個叫王魯的人，在擔任當塗（屬今中國安徽省）縣令時，把主要精力用在為自己撈取錢物上。一天，老百姓聯名控告他手下的主簿有貪汙行為，王魯由於自己的行為不端，膽怯心虛，故而在看狀紙時，便下意識的在狀紙上信手寫下「汝雖打草，吾已驚蛇」八個字。此後「打草驚蛇」一語便逐漸流傳開來。

　　打草驚蛇原意為打在草上卻驚動了蛇，藉以比喻懲罰了甲而使乙有所警覺，多指因做事不謹慎、洩密，反而使對方有所戒備。在心理危機介入中，打草驚蛇引申為心理輔導教師以試探方式弄清楚對方的真實意圖，探尋問題的本質，以期化解危機。

▍沉溺網路，能否醒悟

　　網際網路在改變世界、為人類社會的發展做出貢獻的同時，也引發了許多消極問題，是一把雙刃劍。網際網路既是人類工作的助手、生活的福音，但控制不當也可能成為社會問題的發源地，釋放洪水猛獸。

　　目前，青少年「網路成癮」已成為困擾無數家庭和學校的一大社會問題。一般認為，網路遊戲的吸引力太大以及學業負擔

過重，常常會導致處於青春期、自制力差的青少年，陷入網路遊戲的虛擬快感與強化上網欲望的惡性循環中不能自拔。在網路遊戲中，他們能夠獲得強烈滿足感和成就感，不由自主的進行強迫性網路遊戲，一旦停止網路遊戲，很多網路成癮的青少年會出現嚴重身心不良反應。

　　網路遊戲成為青少年的精神避難所。青少年在現實生活中會碰到許多難以解決的問題，有時他們無法獲得有效社會支持系統的幫助，只好沉迷網路以逃避現實，並從網路中獲得成就感。

　　林森（化名）是某國中二年級學生。他的學業成績不錯，表現良好，多次被學校評為「模範學生」。但是，自從迷上網路遊戲後，林森的成績便直線下降，現在已經是班級後四名了。林森經常有強烈的上網渴望與衝動，因此他常常會逃學去玩網路遊戲，有時還會通宵上網。由於玩遊戲開銷大，所以林森想方設法借錢、騙錢甚至偷錢，多次被學校通報處理，但他屢教不改。學校老師對他束手無策，同學也討厭他，父母更是無法管教他。

　　那麼，如何找到林森沉迷網路遊戲的成因，對症下藥呢？

　　面對林森一副「死豬不怕開水燙」的樣子，作為諮商心理師的我，首先應該突破他的心理防線，打草驚蛇不失為一種有效的溝通策略。

第一招：一幅曲線圖，畫出悲喜

面對愛理不理的林森，我笑了笑說，「聽說你作畫水準不錯，很有天賦，曾經獲得過省級比賽一等獎。」

「這有什麼？不足掛齒！」林森有點得意。

「還挺有自信的！」我又笑了笑。「不過，這幅畫你要畫好可能有難度。」我遞給他一張 A4 紙和一支筆。

「你也太小看我了！」林森有點不屑，「說，畫什麼，我五分鐘之內完成。」他的興致來了。

「不要把牛皮吹破。這幅畫看似簡單，你不一定畫得好。」我將了他一軍。

「不要囉唆了，畫什麼？」林森開始有點耐不住性子了。

「畫一個座標圖，橫軸代表年齡，縱軸代表喜怒哀懼。你敢畫嗎？」我再次將了他一軍。

「這？」林森發呆了一會，「畫就畫，沒什麼大不了的。」林森開始動筆。

很快的，林森畫好了橫軸，並且標注上年齡。畫好縱軸，他在開始標注喜怒哀懼前猶豫了許久，眉毛抖動，臉部表情忽明忽暗，眼睛發紅，長長的嘆了口氣，慢慢的運筆，花了好幾分鐘才標注上心情狀況。最後一筆畫完，他把筆重重的一扔，又長長的嘆了口氣，閉上雙眼，把頭靠在沙發的靠墊上，一副失血的樣子。

第二招：一個故事，道出隱情

　　我仔細看了看曲線圖，林森十三歲之前標注的都是快樂，而十三歲的標注是痛苦，十四歲的標注是想死，十五歲的標注則是一個墳墓！

　　我心如刀絞，一個十四歲的少年到底經歷了什麼，年紀輕輕的就有結束生命的念頭？

　　我倒了一杯水，雙手遞給林森，輕聲說，「你肯定有不為人知的故事，你迷戀網路是一種逃避痛苦的方式，可以說給我聽聽嗎？」

　　林森睜開眼睛，眼淚奪眶而出，突然放聲大哭起來，哭得全身抽搐。過了好久，他平靜下來，慢慢說起他的故事。

　　林森的父母原本都是公務員，過著朝九晚五的生活。父母很愛他，一有空就陪他玩，跟他講故事、玩遊戲，家裡天天笑聲不斷。林森上小學時，父親辭去公職改經商了。頭幾年，父親的生意順風順水，家裡的經濟狀況大為改善，生活過得如同芝麻開花節節高，滿是幸福。林森讀六年級時，父親一筆投資失敗，虧了許多錢。此後，雖然父母時有吵嘴，但家還是溫暖的。在林森十三歲時，父親又一筆投資失敗，虧損非常嚴重，一向陽光的父親開始酗酒和賭博，性情大變，每次回家不是發酒瘋就是打罵林森母子倆，家裡經常是雞飛狗跳。母親受不了這樣的痛苦生活，便與父親離了婚。

　　離開父親後，林森心情變得非常鬱悶。心高氣傲的他，一

方面不想讓老師和同學知道他家的事，另一方面又非常牽掛獨自生活、貧困潦倒的父親。他看天空，天上是烏雲密布；他看地，地上都是枯枝敗葉；他看人，人臉都是扭曲的。他覺得生活毫無樂趣。有一天，索然無味的他玩起了網路遊戲，他的心情竟然好了起來。在遊戲中，他忘記了所有的痛苦與煩惱，變身成為網路大俠，無所不能，打遍天下無對手，受人敬仰，鐵粉數萬。漸漸的，林森沉溺於網路遊戲中不能自拔。

原來，林森是因為無法接受家庭的變故，從而喪失自我，葬送學業，賠上了他的大好青春！

第三招：一次冥想，幡然醒悟

面對痛哭流涕、不知所措的林森，我唏噓不已，決心助其重新振作精神，走出網路遊戲的泥潭。

我請林森閉上雙眼，放鬆身體，放空心靈，在冥想中看看自我意象。慢慢的，林森看見一棵即將枯死的小松樹，這棵小松樹上有一條大大的害蟲，正在汲取松樹的營養。於是，我讓他平靜的看著害蟲，不作為。過了一會，林森說，害蟲消失了。我又送一瓶「神水」給他，讓他替小松樹澆上。又過了一會，林森說，好神奇，小松樹活了，鬱鬱蔥蔥，已經變成一棵參天大樹，根深葉茂。我讓林森把這棵參天大樹儲存在心裡，帶著它回到現實生活中來。

林森笑了，聲音洪亮，充滿活力！他說他就是那棵即將枯

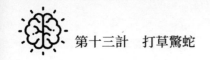

死的小松樹，那條害蟲就是網路遊戲！他要回到學校去，好好
念書，爭取成為參天大樹！

第十四計　借屍還魂

本計源自《元曲選‧碧桃花》:「誰想有這一場奇怪的事,徐碧桃已著她『借屍還魂』去了。」計名可能與「八仙」之一的鐵拐李得道成仙的傳說有關。相傳鐵拐李原名李玄,曾遇太上老君得道。一次,其魂魄離開軀體,飄飄然遊玩於三山五嶽之間,流連忘返。其徒弟誤以為師父已經死了,就將其火化。李玄神遊歸來已不見自己的軀體,只能將自己的靈魂附在路旁一個餓死的屍體之上。從此,李玄就變身為一個蓬頭垢面、坦腹露胸、並跛一足的鐵拐李。

借屍還魂原意是指迷信的人認為人死後靈魂可附著於別人的屍體而復活;比喻已經消滅或沒落的事物,又假託別的名義或以另一種形式重新出現。在心理危機的干預中,借屍還魂引申為一個人在經歷創傷事件後,透過他人的針對性干預和自身的努力,接納、適應、療癒創傷,在創傷中成長起來,煥發出新的生命力。

▌突遇災難,惡夢不斷

創傷是一種很可能會帶來改變的重大壓力事件,它超出人們日常經驗之外,突然發生又無法抵抗。一般情況下,它和我們的生命(身體完整性)相關,例如地震、火災、戰爭、恐怖攻

擊、疫病、遭遇性侵犯等，當人們面對生死（身體完整性）時，可能會重新審視自我和這個世界。但有時它與生死並不直接相關，它可能和我們對於自我和這個世界的基本看法有關。當一件事情以消極的方式挑戰我們對世界的固有信念時，它可能是具有創傷性的。例如，一次令人震驚的感情挫折，某次重大比賽的失利等。

我們通常覺得創傷事件是極其糟糕的，所以我們要拒絕它。可是實證研究顯示：百分之八十以上的人在其一生中至少會遭受一次創傷性事件（Frans et al.，二〇〇五）。

林菲（化名）是一名一九九五年後出生的女生，也是個資優生。某年五月的某一天，她正坐在四樓的教室裡準備著一個月後的大學入學考。忽然教室劇烈搖動了起來，有人大喊強烈颱風來了，所有的人都拚命衝向樓梯。老舊的教學大樓像是積木一樣搖來搖去，牆壁表面都變成了漫天飛舞的灰塵，讓人睜不開眼睛，這一場景就像是好萊塢電影裡的世界末日。隨著人們的慘叫，三、四樓開始有人往下跳了。林菲頭頂的一盞燈忽然砸下來，在她腳邊砸得粉碎。那時候，她只有一個念頭：要活下去。好在最後，她有驚無險的逃出來了。

看著搖晃的教學大樓，所有人都在哭。到了災後救助體育館的林菲看到了血肉模糊的傷者和屍體，死亡就這樣毫無徵兆的呈現在她面前，以摧枯拉朽之勢把她原先關於世界的假設推倒了。自此之後，她寢食不安，惡夢不斷，經常莫名其妙的悲

傷，總擔心可怕的災難下一秒就發生在自己身上。

看了林菲的故事，我們應該如何理解和面對人生中極大可能會發生的創傷事件，我們可以有怎樣的態度？至少，創傷事件是一次挑戰，也是個體成長的一次機遇。

創傷後成長指的是創傷事件為我們呈現了一個以新的眼光看待這個世界的機會，看看我們過去未曾見識的世界的另一面。它能夠幫助我們從當下的遭遇中獲得新的理解，把過去和當下連結起來並形成對未來新的計畫與行動，從而過上完全不一樣的生活。

第一招：回顧災難，重組認知結構

「妳是如何看待這次強烈颱風事件的？」我不動聲色。

「太可怕了，人在災難面前根本無能為力。」林菲弱弱的說。

「頭頂的那盞燈忽然砸下來，在妳腳邊砸得粉碎的時候，妳是怎麼想的？」我看著她的眼睛。

「我唯一的想法是活下去。」林菲眼神堅定。

「看見同學紛紛跳樓，妳也想往下跳嗎？」我追問。

「沒有，我跑到教室的一個牆角蹲了下來，我覺得那裡是安全的！」林菲大聲說。

「嗯，妳有很強的自我保護能力！」我豎起大拇指。

「我的物理學得很好，知道力的作用。」林菲笑了笑。

「除了物理學得好，還有什麼幫助妳化險為夷？」我進一步啟發。

「嗯，當時我沒有驚慌失措，情緒相當穩定。」林菲的眼神裡閃爍著一分自豪。

「臨危不亂，大智大勇！」我再次豎起大拇指。

「我去過黃山，對黃山的松樹非常敬佩。雖然松樹生長在懸崖峭壁上，但是無論多大的狂風暴雨都不能摧毀它們，非常堅強，傲然挺立，不屈不撓！」林菲字正腔圓。

「是的，雖然大自然具有強大的毀滅性，但是自然界的生命也同樣具有強大的抗擊能力和適應能力，相輔相成！」我情不自禁鼓掌。

人是會適應災難的。就像一個盲人的觸覺會變得靈敏，一個沒有手的人，他的腳會變得靈活一樣，我們頭腦中的認知結構也會在創傷後進行重組。

第二招：感受災難，重塑認知信念

「看到那麼多的同學死的死、傷的傷，妳有什麼感受？」我平靜的問。

「我很害怕，擔心下一秒有什麼災難事件發生在我身上。」林菲身體有點發抖。

「妳害怕了，災難就不會發生了嗎？」我繼續追問。

「當然不可能。災難的發生與我是否害怕沒有直接關聯。」

林菲把雙臂抱在胸前。

「那麼，妳的害怕與什麼有直接的關係呢？」我一語中的。

「嗯，應該與我的想法有關。我擔心新的不幸事件會發生，所以我惶恐不安。」林菲有點不好意思，臉紅了。

「黃山的松樹還給了妳什麼啟示？」我鼓勵她。

「嗯，我覺得黃山松非常厲害，雖然遭受狂風暴雨的肆虐，但是風雨過後松樹依然巋然不動，沒有倒下！」林菲高昂著頭。

「嗯，挺有悟性！」我用力點了點頭。「也就是說，災難事件妳左右不了，但是妳可以左右自己的看法，改變自己的信念，是嗎？」我一步到位。

「對，老師，我明白了。我寢食不安，莫名悲傷，原來是自尋煩惱，沒事找事，呵呵。」林菲長長的吐出一口氣，身體一下子放鬆下來。

《自控力》的作者凱莉・麥高尼格（Kelly McGonigal）曾經寫過一本關於壓力的書。書裡講到，有三萬名美國成年人參與了一項壓力調查，報告他們所承受的壓力，同時回答他們是否覺得壓力有害健康。八年後，研究組做了進一步的調查，來看看當年參與調查的人是否還健在。結果顯示，高壓力提高了百分之四十三的死亡風險，這似乎為壓力有害的觀點提供了證據。可是仔細分析卻發現，提高死亡風險的，只是那些相信壓力有害健康的人。

實際上，在報告中，承受了高壓力卻並不認為壓力有害健

康的受訪者，他們的死亡率並沒有提高。相反，他們是調查中死亡風險最低的，甚至低於那些報告自己承受很小壓力的人。也就是說，真正有害的不是壓力，而是「壓力有害健康」這個觀點本身。

從這個報告可以發現，你怎麼看待生活中遇到的挫折，有時甚至比你遇到的挫折本身更重要。創傷會改變我們，如果我們只看到創傷的害處，這種害處會因為我們害怕它而加重。創傷會帶來負面影響，這當然是一個事實。另一個事實是，有相當比例的人都從嚴重的創傷中復原，他們甚至還得到了不同尋常的成長，這就是創傷後成長。

第三招：多元思考，重建生活意義

「妳為什麼要努力念書？」我發起新的問題。

「為了考上好大學。」林菲語氣堅定。

「考上好大學為了什麼？」我又問。

「當然是為了報答父母，光宗耀祖；為了報答學校，不辜負老師的培養。」林菲笑了。

「嗯，似乎，妳努力念書是為了報恩？」我似笑非笑。

「當然，人要會感恩。父母的恩情，老師的恩情都是必須報答的。誰言寸草心，報得三春暉！」林菲義正詞嚴。

「難道妳僅僅是為了感恩？」我用懷疑的口氣問。

「哦，我要實現自己的人生價值。」林菲想了想。

「妳的人生價值具體是什麼？」我再次追問。

「我曾經讀過一個故事，有一個年輕人去採訪愛因斯坦（Einstein），問他作為當代最偉大的科學家覺得什麼是這個時代最重要的科學問題。愛因斯坦說，如果真有什麼最重要的科學問題，就是這個世界是善良的還是邪惡的。如果一個科學家相信這個世界是邪惡的，他將終其一生去發明武器，創造傷害人的東西；但如果一個科學家相信這個世界是善良的，他就會終其一生去發現關聯，創造連接，發明能把人連得越來越緊密的事情。我想，現在物質文明高度發達，但是人離幸福越來越遠，我希望為人類的幸福生活做些有益的事情，不要每日追名逐利，能夠享受溫暖的陽光、享受清新的空氣、享受青山綠水、享受甜蜜的愛情和濃濃的親情，讓生活過得越來越美好！」林菲滔滔不絕。

有些黃山松被暴風雨給刮折了，折斷的樹枝上出現了很深的傷口，它的形狀也被永久的改變了，留下了很多傷疤，樹也變得歪歪扭扭。可是過了一段時間，這些傷疤上又抽出了新的枝條，甚至長得比原來更好了。暴風雨永久的改變了它，可是，並沒有摧垮它，反而讓它煥發了新的生命力。

那些在經歷創傷之後努力恢復生活原狀的人，精神狀態往往大不如前；而勇於接受創傷、改變自己、接納新生活的人，會變得更加堅忍頑強。假設精神世界是一口美麗的花瓶，創傷會把它摔成碎片；就算你把碎片重新拼成花瓶的原貌，你仍然

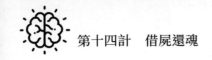

無法消除上面的裂痕，你的花瓶遠比過去更加脆弱。已經發生的事情無法改變，但是你可以改變未來。你可以撿起花瓶的碎片，拼出一塊漂亮的馬賽克。

　　有時候，創傷不僅意味著傷害，還意味著成長的機會。

第十五計　調虎離山

　　本計可能源於《管子・形勢解》:「虎豹,獸之猛者也,屬深林廣澤之中則人畏其威而載之。人主天下之有勢者也,深居則人畏其勢。故虎豹去其幽而近於人,則人得之而易其威。人主去其門而迫於民,則民輕之而傲其勢。故曰:『虎豹托幽而威可載也。』」。

　　調虎離山原意是指設法使老虎離開原來的山岡;比喻用計謀調動對方離開原來的有利地位。在心理危機介入中,調虎離山引申為心理輔導教師想方設法促使人擺脫原有的不良心理狀態,促其發生根本性改變。

▌爸爸沒死,好好活著

　　當一個人在面臨突發性災難事件後,為了減輕內心不安、內疚感,或者為了擺脫煩惱、痛苦,往往會採取倒退到童年或低於現實水準的行為來獲得別人的同情和關懷。他會否認曾經發生的災難事件,否認曾經的恐懼,否認正在承受的種種痛苦,這就是精神分析學派所說的「否認」。

　　否認是一種比較原始而簡單的防禦機制,它是透過扭曲個體在創傷情境中的想法、情感及感覺來逃避心理上的痛苦,或否定不愉快的事件,當作它根本沒有發生,來獲取暫時的心理安慰。

　　李莉（化名）是某小學四年級的學生。一天早晨，她的爸爸騎著電動車送她去學校，就在她下車和爸爸告別的時候，突然一輛小轎車呼嘯著朝她父女倆衝了過來，她的爸爸眼疾手快一把用力推開她……李莉得救了，而她的爸爸倒在血泊中，永遠離開了這個世界。

　　面對突發性災難事件，李莉當時呆若木雞，毫無反應，只是口中念叨，「爸爸，爸爸，爸爸……」，既沒有哭，也沒有眼淚。自此以後，李莉就像換了個人似的，原來愛說愛笑的她，一天到晚不言不語，經常坐著發呆，眼睛無神。每天早晨李莉賴在床上不願起床，說要爸爸來叫她，已經半個月沒有去學校讀書了；吃晚飯的時候，她都會把爸爸的碗筷放好，坐在飯桌前等爸爸下班回家吃飯；媽媽流著眼淚告訴她爸爸已經去世了，她就會對媽媽冷若冰霜，說媽媽是壞女人……

　　突發性車禍已經讓李莉產生消極性心理防禦機制，她在否認災難，否認父親的死亡，否認她在承受的痛苦。她試圖逃避現實，逃避悲傷。

　　要讓李莉從「逃避」中走出來，調虎離山就是最合適的一個計策。

第一招：回憶父親，打開心扉

　　面對一臉木然的李莉，我不急不徐的和她聊起她的父親，讓她和我說說父親帶她去上海遊玩的故事，講講她和父親之間

的種種小祕密，說說父親送她的各種玩具以及父親帶給她的種種快樂。慢慢的，李莉的臉部表情放鬆了，說話有聲有色了，肢體動作也豐富起來，自然而然的進入一種較為活躍的狀態，心理抗拒的屏障悄悄的撤去。

第二招：意象體驗，面對車禍

看到李莉的身體和心靈已經處於較為放鬆的狀態，我覺得打開李莉心靈之鎖的時候到了。

於是，我微笑著對她說：「我們來玩個遊戲，好嗎？」

她看了我一會說：「你都這麼大的人了，還喜歡玩遊戲嗎？」

我眨了眨眼睛，調皮的說：「我心裡有一個和妳一樣大的小男生，可喜歡玩遊戲了，不信就試試！」

「試試就試試，我才不怕你！」李莉大聲說，臉上有了紅暈。

於是，我讓李莉閉上雙眼，深呼吸，放鬆身體，放空心靈。然後，我用催眠語引導她來到海濱，讓她看到太陽從海平面上冉冉升起，萬道金光灑在蔚藍的大海上，海風輕拂，海鷗歌唱，一艘艘的漁船揚帆起航，一幅幅非常美麗的畫面很容易帶給人輕鬆愉悅的心情。

慢慢的，李莉看見自己坐在一頭大象身上往前走，一路上她和大象有說有笑，非常開心。突然，不知從哪裡衝過來一

隻龐大的怪獸，這隻怪獸力大無比，朝著大象猛撞過來，大象猝不及防，但是牠還是把李莉放到安全的地方，而他自己倒在血泊之中……當李莉看到這個畫面的時候，情緒非常激動，大喊，「我怕，我怕！」、「大象，大象！我要大象！我要大象！」我緊握她的一隻小手，用堅定的語氣告訴她：「妳是安全的，我和妳在一起！妳是安全的，我和妳在一起！妳是安全的，我和妳在一起！」李莉在催眠中痛哭起來，聲音嘶啞，如訴如泣，歇斯底里。大約哭了二十分鐘，李莉的情緒慢慢的平靜下來，於是我喚醒了她。

第三招：承認現實，繼往開來

　　看著滿臉眼淚的李莉，我遞給她幾張衛生紙，讓她擦乾眼淚回到現實中來。然後，我平靜的看著她，問她剛才看見了什麼。李莉說，她看見大象被怪獸撞死了。我問她，大象是誰？她說，大象是爸爸！爸爸為了保護她死了。李莉又痛哭起來，又哭了十多分鐘，哭聲中是滿滿的哀傷！

　　坐在一旁的媽媽流著淚對李莉說，爸爸已經永遠離開我們了，媽媽也非常悲痛。可是，爸爸肯定希望我們好好的活下去，過好每一天。如果爸爸在天有靈，看見我們活得不快樂，他肯定會很痛苦的。我們對爸爸最好的懷念就是活出快樂，活出幸福！

　　李莉擦乾眼淚，眼神堅定的說：「媽媽。我懂了。我們好好

的過日子，就像爸爸在的時候一樣！」

母女倆的臉上都有了久違的笑容。

一個經歷嚴重創傷事件的人，如果能夠直接面對創傷性事件，接納它、適應它，並且痛定思痛，把它化作前進的動力，其生命將煥然一新！

第十六計　欲擒故縱

　　本計出自《老子》第三十六章：「將欲歙之，必固張之；將欲弱之，必固強之；將欲廢之，必固興之；將欲奪之，必固與之。」又《鬼谷子‧謀篇》：「去之者縱也，縱之者乘也。」中國軍事史上成功運用此計，並對此計定名有重大影響的，當推諸葛亮率蜀軍遠征南蠻、七擒七縱蠻王孟獲的故事。

　　欲擒故縱原意指要捉住敵人，可以先故意放開他，使他放鬆戒備，充分暴露，然後把他捉住；比喻先讓其嘗到些甜頭割捨不掉，然後實施自己的控制計畫。在心理危機的干預中，欲擒故縱引申為心理輔導教師故意聽之任之，不試圖改變之，讓其有一個覺悟過程，然後移花接木，化解其心理危機。

▌性別偏差，如此奈何

　　我們的身體性別早在子宮裡的時候就被基因決定了。性別認同是對自身性別的正確認知，即掌握自己的性別屬性及其相應的作用。

　　美國兒童發展心理學家柯爾伯格（Lawrence Kohlberg）把兒童性別守恆的發展劃分為三個階段。第一階段，性別標示。早期的學前兒童能正確標示自己以及他人的性別。這時的兒童對性別的認知來自外部的、表面的特徵，如頭髮長度、服飾等。

將一個玩偶的服飾或髮型改變後，兒童認為它的性別改變了。第二階段，性別固定。這時的兒童對性別的「守恆性」有了一定的理解，如知道男孩將來要長成男人，女孩將來會長成女人，但他們仍相信改變服飾、髮型等就能導致性別轉換。第三階段，性別一致性。幼兒園大班兒童和小學低年級兒童開始確信了性別的一致性，他們知道即使一個人「穿錯了衣服」，也不會改變性別。

性別認同是孩子探知外在世界的途徑之一，是一個人對自我性別的歸屬感，也就是對於自己是男是女的判斷。性別認同是一個人對自己的生理性別的自然認知，如果兒童在幼兒期不能及時完成性別認同，日後就有可能會出現不同程度的性別偏差行為，影響各方面的發展，甚至影響身心健康。

童潔（化名）是一名高中生，他身材高大，長著一張標準的國字臉，留著一頭長髮。童年的時候，童潔只和女孩子玩，有穿女性服裝的經歷，他很喜歡和母親在一起做一些女性做的事情。最初童潔對性別還沒有特別的意識，但在升入小學高年級的時候，童潔意識到雖然自己身體是男性，但心理上嚮往女性的事實，隨後便對自己男性的身體逐漸產生了強烈的厭惡感。

雖然童潔平時身著男生的服裝去學校，但在家裡每週會化一、兩次女妝，身著女裝。以前雖然在這樣的時候有過性興奮，但他最近逐漸意識到自己不是女性的事實，這反而使他更加痛苦。到現在為止，他沒有關係親密的男生，卻有好幾個關

係密切的女生，但對女生完全沒有性的衝動。

面對童潔性別認同不一致，我運用了欲擒故縱的策略。

第一招：傾聽接納，放縱宣洩

「你有兄弟姐妹嗎？」我似乎隨意的問。

「有一個哥哥，比我大四歲。」童潔回答。

「兄弟關係如何？」我又問。

「很一般，他不喜歡我，我不敢接近他。他說我身體是男生，行為像女生。」童潔低著頭。

「哦，爸爸媽媽喜歡你嗎？」我笑瞇瞇的問。

「媽媽很寵我。媽媽說，有了哥哥後想要個女兒，就生下了我。生下我後，媽媽有點失望，說生錯了，本來想生個小女兒，卻是個小兒子。媽媽替我取了這個名字，讓我穿生產之前準備好的花衣服、花裙子，還幫我紮小辮子，對別人說我是她的小女兒，呵呵。我小時候的許多照片都是小女孩的樣子，哈哈。」童潔一副開心的樣子。

「爸爸喜歡你嗎？」我追問。

「爸爸是做生意的，一年到頭在外面忙。小時候爸爸很少陪我，我都是和媽媽在一起。爸爸好像也不喜歡我，我幾乎沒看見他對我笑過。」童潔又低下頭。

「小時候，你覺得自己是男生還是女生？」我看著他的眼睛。

「我一直以為自己是女生。上幼兒園後，我發現自己與其他女生不一樣，雖然女生都很喜歡我，可是老師說我是男生，要我有男生的樣子。我很長時間好糾結，我是女生，怎麼有小雞雞？上了小學之後，我慢慢明白了，我真的是男生，我必須去男廁，唉⋯⋯」童潔長長的嘆了口氣，看上去很懊惱。

性別認同是在生物學基礎上兒童與成人相互作用的結果，兒童的性別認同，離不開成人（尤其是父母）的教育方式和教育態度，而兒童的性別認同又反過來影響著父母社會化的發展，因為兒童已經成為父母自身社會化發展過程中的一個顯著因素，因此有人說，對於父母來說，有兩個社會化的過程，一個是兒童的社會化，另一個是父母在成人社會化中的繼續發展，這種說法是很有道理的。童潔的女性性別認同是他媽媽一手造成的，同時強化了他媽媽的社會性別身分。

第二招：行為討論，放縱認知

「小時候你喜歡玩一些什麼遊戲？」我問。

「我經常玩媽媽和孩子的遊戲。我有許多洋娃娃，我會披著媽媽的衣服，抱著洋娃娃，拿著奶瓶向她餵奶，為她唱歌，哄她睡覺。看著洋娃娃在我懷裡，安安靜靜的，我覺得好幸福，就像我媽媽一樣。」童潔一副陶醉的樣子。

「嗯，看起來你很快樂。」我說。

「是的。我還喜歡把自己打扮成小公主，把小房間裝扮成

一個宮殿，想像自己參加一個宮廷舞會，在舞會上遇見了一個
非常帥氣的王子，王子喜歡我，與我跳了好多支雙人舞，我非
常幸福。舞會結束後，我坐上王子的馬車，與王子奔馳在草原
上，盡情的享受兩人世界，有飛一樣的感覺，好幸福！」童潔一
臉羞澀而快活。

「你有心情難受的時候嗎？」我轉換了話題。

「哥哥罵我，甚至打我。哥哥不喜歡我玩這樣的遊戲，會把
我的洋娃娃扔得遠遠的，要拖我出去打球、跑步，說男生要有
男生的樣子，要有陽剛之氣，不能嬌滴滴像個女生。我會大哭
大叫，還會咬他。哥哥就是看不起我，唉！」童潔緊握拳頭。

「和同學發生過衝突嗎？」我不放過他。

「有，被同學暴打一頓！讀小學時，我上洗手間，很自然
的跟著一個女同學進了女廁。那個女同學尖叫起來，大喊抓色
狼，我慌忙逃了出來，幾個男同學抓住了我，不分青紅皂白，
把我暴打了一頓，打得我鼻青臉腫，好沒面子。唉！」童潔一臉
的痛苦。

「這事件發生後，老師有什麼反應？」我接著問。

「班導師把我叫到辦公室，狠狠的訓了一頓，說我看上去
文質彬彬的，想不到道德品格如此糟糕，竟然做出如此不齒的
事！後來，上國中的時候，又發生過類似的事件，我被學校記
大過處分。這次處分已經成為我的惡夢，一想起來，我就會心
驚肉跳，恨不得地上有一條縫隙，鑽進去，死的心都有。嗚

嗚……」童潔嚎啕大哭起來。

性別認同對個體的心理發展具有重要的意義。絕大多數人的性別認同與生物學意義上的性別是吻合的。因而，他們能適應正常的社會生活，能安然的接受自身的性特徵。如果性別認同發生障礙，則不能平靜的適應自身性別和社會生活，嚴重的則會形成「異性癖」，即一個生物學上確定的男人或女人，拒絕自己的性別，堅持認為自己是個異性，甚至不惜動用外科手術以達到目的。這是一種性心理障礙，從心理學上講，無一不與早期性別認同的障礙有關。

第三招：意象引導，確認身分

我引導童潔閉上雙眼，在深呼吸中放鬆身體，放空心靈，在想像中參加一個動物聚會。慢慢的，童潔看見許多動物身穿各式各樣的盛裝前來參加聚會，有兔子、山羊、長頸鹿、猴子、大象、老虎、孔雀、鴿子、鳳凰等。在舞臺的中央，童潔隱隱約約看見一個大型動物在做精彩表演，引來現場動物的陣陣喝彩。我引領童潔說，他的右手有一瓶神奇的「魔水」，只要他打開瓶蓋往動物身上灑一些「魔水」，他就能夠清楚的看見此動物。童潔照此做了，他看見舞臺中央的動物是一頭威風凜凜的雄獅，氣吞山河……我讓童潔把雄獅放在心中，回到現實中來。

我問童潔看見了什麼。他說，他看見一頭雄獅，非常威

風，很強大，很有力量，他好喜歡。我又問他，這頭雄獅是誰的象徵。他說，從雄獅的頭型、身材看，這頭雄獅就是他！原來，在潛意識中他是一頭雄獅，一個不折不扣的男生！他開心的哈哈大笑起來。

性別角色決定了人的性角色和未來的社會角色，它既包括對自身的認知，也包括對他人及環境的認知。透過性別角色教育，孩子會知道自己要成為一個怎樣的人，承擔什麼樣的責任，如何建立自我的觀念，如何尊重異性以及如何與別人來往合作。

在對孩子進行性別教育的時候，家長一定要注意態度，對性別認同混淆或有行為偏差的孩子，不能簡單的訓斥，讓孩子產生緊張甚至是犯罪感。家長應循循善誘，最好能「潤物細無聲」，為孩子上好人生這重要的一課。

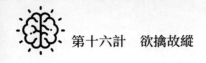

第十七計　拋磚引玉

本計出自《傳燈錄》，傳說唐朝詩人常建，聽說趙嘏來到蘇州，判定他一定要去遊覽靈岩寺，就先在寺前寫下兩句詩。趙嘏看到後在後面續寫了兩句，完成了絕句一首，並且後續的兩句比前兩句好。後人稱常建的這種做法是「拋磚引玉」。

拋磚引玉本意是拋出一塊不值錢的磚，換回一塊價值連城的玉；比喻以自己粗淺的意見引出別人高明的見解。在心理危機介入中，拋磚引玉引申為心理輔導教師裝糊塗，說些不著邊際的話，引出來訪者的真實想法和意圖，藉機解決危機。

▌性愛幻想，連篇累牘

性幻想是指人在清醒狀態下對不能實現的與性有關事件的想像，是自編的帶有性色彩的「連續故事」，也稱作白日夢。

處於青春期的少男少女，對異性的愛慕和渴望很強烈，但又不能為滿足自己的欲望與所愛慕的異性發生性行為。這樣就會導致有的同學把曾經在電影、電視、雜誌、文藝書籍中看到過的情愛鏡頭和片段，經過重新組合，虛構出自己與愛慕的異性在一起；有的把想像中的情景用文字寫出來告訴他人，以達到自我安慰；有的因沒有異性同學邀其一起遊玩，就想像一位異性同學向自己寫來了約會信邀其一起遊玩。這種幻想可以隨

心所欲的編，編得不滿意再重新編；毫無顧忌的演，演得不理想再重新演。在進入幻想狀態時，還伴有相應的情緒反應，可能激動萬分，也可能傷心落淚。這種性幻想在入睡前及睡醒後臥床的那一段時間，以及閒暇時較多出現。部分人可能出現性興奮，女孩性器官充血，男孩射精，有的還伴隨著自慰。這種性幻想在人的青春期是大量存在的。於是，有的人會認為自己變壞了，腦子變複雜了，為此而內疚自責。

王小海（化名）是一名國中生。最近一段時間，他發現自己「變壞了」，不僅夜裡經常有春夢，與好多成熟美麗的女人做那種羞於開口的事，而且上課的時候經常有想看女老師胸部的想法，甚至有和女老師做那個事情的衝動，根本靜不下心來聽課、看書、做作業。現在他幾乎不敢抬頭看女老師，擔心老師看穿他的心思，然後批評他、訓斥他！他覺得自己不是好學生，而是一個卑鄙無恥的壞蛋！

處在花季的少男少女若一味幻想，特別是沉湎於性幻想中，可能會延誤學業，誤入歧途，甚至走上性犯罪道路或產生性心理障礙。於是，我運用拋磚引玉之計為王小海進行心理疏導。

第一招：裝瘋賣傻，誘敵深入

「我卑鄙下流，一天到晚滿腦子都是壞心思，唉……」小海長嘆一聲，眼睛看著地上。

「可是，我看不出你哪裡卑鄙下流，是眼睛，是手還是腳？」我故意裝出聽不懂的樣子。

「是腦子！」小海提高了聲音。

「腦子？腦子怎麼卑鄙下流？」我瞪大眼睛，一副迷惑不解的樣子。

「一天到晚想女人！你聽得懂嗎？」小海再次提高了分貝。

「你是男生，想女生，錯了？」我繼續裝下去。

「老師，我服你了！」小海欲哭無淚。

「看你很不高興的樣子，你覺得自己想女生是錯的？」我一副不解風情的樣子。

「告訴你，我不是想女生，是想女人！沒見過你這樣的老師，不開化。」小海一臉的不屑。

「哦，女生與女人不一樣嗎？」我似笑非笑。

「當然不一樣！女生什麼都不懂，英語老師那樣的才是女人，才值得想。」小海有點生氣，臉都有點發紅了。

「哦，英語老師是女人，你想什麼呢？」我瞇著眼睛。

「想，想看看她的胸部，好大的胸，白不白？」小海也瞇起眼睛，一副陶醉的樣子。

「哦，喜歡大胸的女人？」我依然瞇著眼睛。

「媽媽的胸就好大，我好喜歡。嗯，我已經好幾次夢見英語老師了，好幸福，哈哈。」小海依然是一副陶醉的樣子。

「你在夢中與英語老師做什麼事情沒有？」我追問。

「當然，想做什麼就做什麼，沒有不能做的事！」小海激動得喊起來。

「既然你如此幸福，怎麼說自己卑鄙下流呢？」我反問。

「你，你，你不懂！」小海著急了。

「嗯，你是想說，你做了春夢？」我語氣溫和，一針見血。

「嗯，我和老師做了不該做的事，好羞恥，不只一次，許多次。」小海深深的低下頭，很痛苦的樣子。

「白天你也在想這個事嗎？」我不放過他。

「是的，上課時我也老想這個事，都不敢抬頭看老師了。我怕被老師看穿，怕老師罵我，怕老師不喜歡我。我好難受，嗚嗚……」小海放聲大哭起來。

我用具體化的技巧澄清小海問題的性質和嚴重程度，讓小海可以面對性幻想這一讓他感到痛苦的問題；幫助他理解性幻想的出現是正常的、自然的；性幻想的妙處在於可以不受時間、空間限制，不怕別人窺破，允許我們暫時超脫現實。

第二招：利用「例外」，認同肯定

「你時時刻刻都想女人嗎？」我話中有話。

「經常想，嗯，好像有不想的時候。」小海似乎在思考。

「可以具體說說，什麼時候你沒有想？」我追問。

「嗯，打籃球的時候不想，就想贏得比賽。」小海笑了笑。

「嗯，打籃球的時候你把注意力集中在比賽上，挺好。」我點點頭。

「男老師上課的時候不想，能夠認真做筆記。」小海又笑了一下。

「嗯，性取向方面，你不會發生同性戀。」我認認真真的說。

「年紀較大的女老師上課也不想，看著她也沒事。」小海昂起頭，有點驕傲的樣子。

「嗯，你的意思是說，阿姨級的、奶奶級的女老師也不影響你認真聽課，是嗎？」我又點了點頭。

「是的，她們對我沒有刺激。」小海再次笑了笑。

「還有什麼時候不想呢？」我再次追問。

「和同學討論問題的時候不想，就想找到解決問題的方法。」小海一臉的認真。

「嗯，其實你挺有上進心的！表現不錯。」我再次肯定。

「當然，我想上好高中，我的學業成績向來不錯。」小海的眼睛明顯在閃光。

「有志向，有抱負，好！」我豎起大拇指。「英語老師上課時，你有聽得忘乎所以的時候嗎？」我露出期待的眼神。

「當然有，我心情平靜時可以十多分鐘持續不走神，可以心無雜念，哈哈。」小海肆無忌憚的大笑。

「很好，原來你有自己的法寶，可以做到心無雜念，哈哈。」我也開心大笑。

我利用「例外」，幫助小海找到已經存在於自己身上的解決問題的資源，從而引導出問題的解決之道。

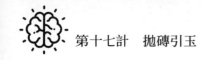

第三招：奇蹟提問，強化效果

「我看你現在挺開心的，是什麼事讓你如此高興？」我笑著問。

「我似乎不卑鄙下流，好像挺正常的。」小海不迴避我探究的目光。

「哦，悟性不錯！你是怎麼做到的？」我好奇的問。

「我身體發育很好，到青春期了。我聽說過一句話，哪個少女不懷春，哪個少男不鍾情。我想女人是正常的，不想才不正常。老師，你說對嗎？」小海用充滿自信的眼神看著我。

「對，好棒。還有呢？」我重重的點頭。

「我在書裡看到，對性幻想根本不用大驚小怪，它來的時候就隨它來，它不來也不要強求。英語老師是我喜歡的老師，我對她想入非非也是情有可原吧。」小海的眼睛很明亮。

「好深刻！你竟然有如此深刻的感觸，還有別的感悟嗎？」我一副驚奇的樣子。

「老師，我跟你說一件有趣的事情吧。我一個好朋友，有一天晚上，他突然接到一個女生的電話，她說她是杏子，這個女生是班花，好多人喜歡她，我的好朋友也喜歡她。他問她找他有什麼事，她說你說呢？我的好朋友明白了她的意思，同意當她的男朋友。第二天，他們以戀人的形式出現在同學面前，我們紛紛向他們表示祝福。有意思吧？」小海一臉的興奮。

「嗯，有意思。用平常心看待性幻想，你是怎麼做到的？」

我進一步提問。

「其實，我的課業壓力挺大的，經常在學習方面處於焦慮狀態。聽說幻想還可以舒緩壓力和緊張，並及時減輕學習焦慮。我出於對英語老師的喜歡而幻想，也許是一種舒緩焦慮情緒的調節方法，過了這段時間，一切都會好的。」小海聲音響亮，自信滿滿。

每一個心智健全的人都會有這樣那樣的性幻想，只不過在出現頻率、長短、內容、性質以及對待它的態度等方面存在著較大的差異而已。性幻想的內容五花八門，無所不包。坦然面對性幻想，接納、正視、包容，不貶低、不批評、不排斥，教師應自然疏導，巧妙引導，正確指導。

第十八計　擒賊擒王

此語在唐代以前的口語中已經廣泛使用。最早見諸文字，且影響較大的則是唐代「詩聖」杜甫的五言古詩〈前出塞〉：「挽弓當挽強，用箭當用長。射人先射馬，擒賊先擒王。殺人亦有限，立國自有疆。苟能制侵陵，豈在多殺傷。」

擒賊擒王指在兩軍對戰中，如果把敵人的主帥擒獲或者擊斃，其餘的兵馬則不戰自敗；比喻解決問題有主次之分，抓住重點，問題就迎刃而解。在心理危機介入中，擒賊擒王引申為心理輔導教師要提綱挈領，抓住關鍵問題，解決主要衝突。

▎流言四起，人心惶惶

校園心理危機事件突發後，及時準確的向公眾發表事件消息，是負責任的重要表現。這對於公眾了解事件真相，避免誤信謠傳，穩定人心，推展正常的教育教學，具有重要的意義。

突發事件消息發表要實事求是，及時、準確、客觀、全面。要在事件發生的第一時間向社會發表簡要消息，隨後發表初步核實的情況、政府和學校的應對措施以及公眾防範措施等，並且根據事件處理的相關情況做好後續消息的發表工作。

消息發表要積極主動，準確掌握，避免猜測性、歪曲性的報導，始終以權威、準確、正面的輿論引導公眾。消息發表過

程中，要特別重視「次生輿情（Secondary Public Opinion）」的負面影響。

所謂「次生輿情」是指重大突發事件處置過程中由原生輿情派生的新的輿論變焦與轉換現象，是公眾面對資訊不透明所發生的猜測性、質疑性輿論，是「引起不必要的麻煩」的輿論。「次生輿情」有正面性的，但更多的可能是負面性的，甚至是具有歪曲性和破壞性的。

一天，我突然接到某市某學校校長的電話。該校長聲音嘶啞、語氣沉重，他說幾天前該校一名女生墜樓致死，出於多種原因，學校用比較簡單的方法進行了處理。但意想不到的是，現在社會上流言蜚語四起，小道消息橫流，學校的聲譽受到嚴重的影響，師生人心惶惶，正常的教育教學難以推展。

對於學校在面對突發事件時處理不當而導致的「次生輿情」危機以及由此引發的師生新的心理危機，我們當如何應對？

該校突發事件處理中的關鍵是什麼？要如何彌補，才能化解「次生輿情」危機？

經過與學校校長、老師和學生全方位的訪談和溝通，我們發現，學校在該危機事件的處理過程中方法簡單，甚至有點粗暴，只是把全校師生召集起來簡單的報告了一下突發事件，要求大家不要亂猜測、亂議論、亂說話，靜下心來好好教學、好好讀書，不要因為此事件影響學業；面對家長與公眾的一些質疑，學校沒有直接回應，而是敷衍了事；對於老師和學生的恐

懼、擔心等創傷性影響沒有展開有效的心理輔導；對於死亡女生家屬則直接以賠償了事。事實上，許多家長要求學校就該女生墜樓事件做進一步的說明，還原事件真相，並且就學生在校人身安全問題提出更加具體的保障措施。學校的做法不僅引起了家長和公眾的不滿，也引發了不必要的猜測和流言。

為化解此重大危機，我們與學校校長、教育局主管、警察局主管、政府主管多方溝通後，做了以下幾件事情。

第一招：召開媒體記者會

由政府主管帶頭，會同學校、教育局、警察局召開媒體記者會，就該女生墜樓事件準確、客觀、全面的做了報告，並且正面回答了媒體以及公眾關心的所有問題，以正視聽。

第二招：召開全校師生大會

由教育局帶頭，召開全校師生大會，就女生墜樓事件由警察局主管就勘察情況和調查情況進行全面報告，澄清事實真相。學校校長就事件發生後的一些不當行為向全體師生道歉，請求師生的理解與諒解。

第三招：發送「告全體家長書」

學校利用學校網站、校訊、家長線上社群軟體等媒介，向全校家長發送「告全體家長書」，報告女生墜樓事實真相和目前

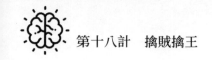

事件的處理情況；學校承諾將進一步強化學校管理，做好師生生命安全教育工作和學生心理輔導工作，為學生提供有效的心理服務，促進學生健康成長。

第四招：全方位展開心理輔導

在教育局的協調下，一個有豐富經驗的心理專家團隊迅速建立起來。心理專家立即進入學校，展開班級團體輔導、小組團體輔導和個別輔導，對因該突發事件而導致心理創傷的教師和學生進行針對性的疏導、引導和指導，有效阻止了師生心理問題嚴重化的傾向，幫助師生安心教學和學習。

附件：「告全體家長書」（參考樣本）

各位家長：你們好！

××年四月一日傍晚六點半，我校高一（五）班學生黃某（女，十七歲）在實驗大樓四樓墜樓。事件發生後，學校第一時間撥打了急救電話，該生立即被送往醫院急救。不幸的是，因傷勢嚴重，醫生雖奮力搶救，但是無力回天，黃同學永遠的離開了我們。我們深感悲痛！我們向黃同學的父母及其親屬深表慰問！

事件發生後，學校馬上向上級相關部門進行了匯報，並展開善後處理工作。警察部門第一時間進入我校，對墜樓事件進行勘察和調查。

由於學校有些事情處理不到位，導致一些人對事件產生了質疑，對學校管理產生了一些懷疑，從而對我校教育教學工作的正常推展產生了一些不好的影響。為此，責任在於學校，我們深表歉意！

四月七日上午九點，由市政府主管帶頭，在我校大型會議室召開

了媒體記者會，有十二家媒體參與。政府代表、市民代表、學生家長代表、學生代表、教師代表及相關單位負責人共三百餘人參加。警察局主管就該女生墜樓事件準確、客觀、全面的做了報告，同時我們以負責任的態度正面回答了媒體以及公眾關心的所有問題。

四月七日下午三點，由教育局主管主持，我們召開了全校師生大會，就女生墜樓事件由警察局主管做全面的報告，澄清事件真相。學校校長就事件發生後的一些不當行為向全體師生道歉，請求師生的理解與諒解。

現在我們已經組織成立了心理專家團隊，為全校師生展開心理輔導工作。我們相信，心理專家團隊有能力化解這次突發事件所帶來的心理影響，幫助師生解決負面情緒問題，以良好的心態繼續投身於學習、生活和工作中。學校將以此事件為契機，以豐富多彩的活動推展生命教育，將珍惜、愛護生命的理念貫穿於教育教學活動中。

學校教育離不開你們的支持，希望大家一如既往的關心學校、理解學校、支持學校！讓我們為了一個共同的目標—培養有道德、有情操、身心健康、博學多才的接班人而共同努力！

謝謝！

×× 中學

×× 年四月九日

第十九計　釜底抽薪

　　本計的策略淵源可以追溯到戰國時代成書的《尉繚子》。西漢的《淮南子》:「故以湯止沸,沸乃不止;誠知其本,則去火而已矣。」東漢董卓〈上何進書〉:「臣聞揚湯止沸,莫若去薪。」北齊史學家魏收〈為侯景叛移梁朝文〉:「若抽薪止沸,剪草除根。」至明朝以後,便在更多的書面語中出現了「釜底抽薪」這一更為概括、簡明的語言。如明朝嘉靖年間戚元佐〈議處宗潘疏〉:「諺云:揚湯止沸,不如釜底抽薪。」

　　釜底抽薪原意為把柴火從鍋底抽掉,才能使水止沸;藉以比喻做事非常徹底,也指暗中進行破壞。在心理危機介入中,釜底抽薪引申為心理危機預防要著眼危機事件的本質,從根本上解決問題。

▎危機預防,防微杜漸

　　校園心理危機是指在校園生活範圍內,由於各種突發的、重大的危機事件所引起的校園成員(學生、教師、職員)心理嚴重失衡狀態。這種嚴重心理失衡狀態在未成年人中常表現為輕生自殺、肢體自殘、暴力攻擊、離家出走、網路成癮,以及吸毒、酗酒、性行為錯亂等衝突性行為。如果這些衝突性行為只是在學校管理、社會治安的層面得到阻止,而沒有在心理層

面予以疏導與干預，則有可能轉換成潛在的壓力和焦慮，進而形成嚴重的心理障礙和心理疾病，直接影響青少年人格的健康發展。

有一天，我接到某市一個校長的電話，他聲音嘶啞，充滿沮喪。他說，他所在的學校發生了一起在校學生自殺事件。事件發生後，學校採取了許多措施防止事態擴大，但是師生心理狀況一時難以穩定，人心惶惶，正常的教育教學秩序受到了很大衝擊。他擔心類似事件再度發生。

如果學校從根本上預防心理危機事件的發生，就必須建立較為完善的學校心理危機預防與干預機制。這就是心理危機處置的釜底抽薪之計。

第一招：確立基本原則

學校心理危機預防與干預機制的基本原則是早預防、早發現、早干預。

早預防就是未雨綢繆，用多種途徑、多種方式宣傳心理健康知識，讓全體師生有心理健康意識、理念和行為，在較嚴重心理危機發生之初就能及時自我調節、控制或向他人求助。

早發現就是發現師生在萌芽狀態較嚴重的心理危機。在新生入學時，學校心理輔導室就要展開學生心理健康普查工作，建立學生心理檔案。同時每學期學校要推展一次學生心理問題篩查工作，對各年級、各班級學生心理問題進行分析，並將學

生中存在的主要心理問題向學校校長、班導師和學科教師做出預警性提示和預防性策略指導。

早干預就是在師生較嚴重心理危機發生之前進行有效處理。面對師生心理危機問題，學校要建立心理危機應急預案。一旦發現較嚴重的心理危機問題，學校要馬上做好應變處理，把問題學生與其他人隔離，做好二十四小時陪伴工作，並對其進行針對性的心理疏導和引導，果斷做出轉介診斷、回家休養、休學治療等決策。

第二招：確定基本策略

學校心理危機預防與干預機制的基本策略是建立學校心理危機三級預防與干預體系。

一級心理危機預防與干預體系的主體是班級和年級，責任人是班導師、學科老師、訓導組長，其主要責任：一是發現遭遇重大事件而出現心理或行為異常的學生，患有嚴重心理疾病的學生，有自殺傾向或自殺未遂史或家族中有自殺者的學生，因嚴重生理疾病而導致心理痛苦的學生，由於身邊的同學出現個體危機狀況而受到影響，從而產生恐慌、擔心、焦慮不安的學生，以及其他有情緒困擾、行為異常的學生。二是及時報告，將有嚴重心理問題或行為異常學生的情況及時報告給二級體系。

二級心理危機預防與干預體系的主體是學校心理輔導室

（中心），責任人是心理輔導教師，其主要責任是評估學生的心理問題並做好疏導工作。心理輔導教師在接到班級或年級報告後，要立即與問題學生進行會談，對其心理問題進行評估，並且就會談情況寫出書面評估報告，做出基本的問題判斷，然後把評估報告提交給三級體系。

三級心理預防與干預體系的主體是學校心理危機預防與干預領導小組。該領導小組的組長是校長，副校長擔任副組長，各科室主任、心理輔導室（中心）負責人是領導小組成員。領導小組接到心理輔導室（中心）關於學生心理問題評估報告後要立即召開會議，在保障問題學生人身安全的情況下，就學生的心理問題做出處理決策，要麼聘請相關專家進一步評估或診斷，要麼馬上通知家長到學校會談，要麼立即轉送學生到相關醫療機構就醫，並在該生所在班級做好心理疏導和撫慰工作，以免次生心理危機事件的發生。

第三招：落實基本途徑

學校心理危機預防與干預機制的基本途徑是組織推展「珍愛生命」教育活動。

人生的四大哲學命題是「我是誰」、「我從哪裡來」、「我到哪裡去」、「我來做什麼」。如果一個人對其中某個或某幾個命題沒有清楚的認知，生命就可能出現較為嚴重的心理危機，甚至會發生嚴重的心理危機事件，導致嚴重的後果。

學校不能忽視生命教育，要把「珍愛生命」教育作為學校教育的重大主題貫穿於學校教育教學中。積極創造良好的學校心理氛圍，用豐富多彩、形式多樣的活動推展生命教育，並把心理危機教育與宣傳作為生命教育的一大部分納入其中，加強學生對危機的了解與認知，提高學生承受挫折的能力，為應對危機做好準備；透過心理輔導等支持性干預，協助處於危機中的學生掌握現狀，重新認識危機事件，儘快恢復心理平衡，順利度過危機，並掌握有效的危機應對策略；透過提供適時的介入幫助，防止問題學生自傷、自殺或攻擊性行為等激烈行為的發生。

第四招：做好應變措施

面對心理危機事件要臨危不亂，尊重事實，做好疏導和引導工作，切忌封人口舌。

如果心理危機事件已經發生，學校校長除了做好行政、治安工作以外，還要做好師生心理危機的干預工作，引導師生面對危機事件、接受危機事件，清楚地認識危機事件，不否認、不抱怨，不自責、不內疚，允許哭泣，允許悲傷，允許哀悼行為，給師生適當的宣洩時間和空間。任何強制性的否認歪曲、閉口不談危機事件將會讓人壓抑、憂鬱、悲哀、痛苦、失去生活的勇氣和信心，導致嚴重心理危機事件的發生。

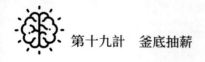

第二十計　渾水摸魚

　　此語起初可能是漁民從實際捕魚中摸索、總結出來的一句經驗性俗語，後來逐漸被移植到社會生活的其他領域，以至於被兵家和軍事指揮員用來作為表述某種軍事謀略的軍事術語。

　　渾水摸魚原意是，把水弄渾濁了，魚就會暈頭亂竄，此時趁機摸捉，往往容易得手；比喻藉機行事，亂中取利。在心理危機介入中，渾水摸魚引申為心理輔導教師利用危機，順勢而為，化險為夷。

▌憂鬱纏身，如何援手

　　憂鬱症被稱為「心靈的感冒」，它離我們每個人比你想像中更近。全球共有四億憂鬱症患者，每年大約有一百萬人因為憂鬱症而自殺。憂鬱症將成為僅次於心臟病的人類第二大疾病。

　　憂鬱症是一種疾病，從醫學角度講，憂鬱症患者腦中的「多巴胺」分泌不足，少了這種「快樂因子」，人會變得不開心、疲憊和健忘，開始思考活著的意義和價值。

　　儘管因為憂鬱症逝去的生命已經很多，然而遺憾的是，即使在今天，憂鬱症仍然沒有像其他身體疾病一樣被人們重視。

　　有時候，當你好不容易鼓足勇氣說出來，得到的不是理解，而是旁人異樣的眼光，覺得你太矯情、玻璃心、精神不正

常……也有的時候，你會收到身邊的人慣例式的安慰：「別想太多」、「看開點」、「你只是心情不好」……

　　而更多的時候，就連你自己也不理解這件事，恐慌自責、不敢求助：「我太脆弱了，為什麼我總是不開心，為什麼就不能像別人那樣樂觀積極起來……」

　　一天，高中生王小良（化名）慢吞吞的移動身體挪進我的工作室，他眼睛無神，有點氣喘，一副虛弱得坐不住的樣子。

　　「身體不舒服？」我關切的問。

　　「我一天到晚想睡覺，但是入睡很困難，無論睡多久好像都睡不夠。」他極力微笑。

　　「嗯，情緒變化大嗎？」我又問。

　　「沒來由的想哭，特別容易憤怒，一丁點的事都會忍不住。尤其忍受不了別人的批評指責，經常想打人。」他一臉的無助。

　　「你有什麼興趣愛好嗎？」我微笑著。

　　「有，我喜歡唱歌、跳舞，曾經是『校園十大歌手』。我也喜歡跑步、打球，是籃球校隊的中鋒，有許多粉絲。」他的臉上掠過一絲得意。

　　「好了不起！」我豎起大拇指。

　　「可惜風光不再了，永遠不會有了，唉……」他長嘆一聲，「現在我不想與任何人接觸，覺得活著一點意思都沒有。人反正是要死的，我與其痛苦的活著，不如一了百了。告訴你，我策劃自殺的事已經有好長時間了，呵呵，死了就沒有痛苦了。」

憂鬱是隻黑狗，它會在你不經意間乘虛而入。從剛開始你以為只是「我不快樂」，到漸漸被吞噬掉全部活力。

當時的王小良已經陷入情緒的泥潭裡，困惑、痛苦、無奈、無助甚至幾近精神崩潰，但是他還沒有完全死心，還在尋找挽救他生命的最後一根稻草。他處於生死爭鬥的對立以及衝突的混亂階段，是「渾水」狀態，也恰好是我們「摸」到他的「魚」──憂鬱症的大好時機。

如何「渾水摸魚」幫助王小良脫離憂鬱症的泥潭？

第一招：看清自己，改善環境

我引導小良在長沙發上躺下來，閉上雙眼，深呼吸，放鬆身體，放空心靈，然後帶著他進入冥想狀態。慢慢的，小良看見了一條身體蒼白、瀕臨死亡的小魚，小魚的四周是黑黑的泥土和臭臭的空氣，小良呼吸急促，聲音顫抖，「怕，我好怕！救救我，救救我！」

我用右手緊緊的握住小良的右手，堅定的說：「我和你在一起，你是安全的！」反覆說了三次，小良緊張的情緒放鬆了下來。然後，我引導小良感受天上太陽的能量，讓溫暖的陽光帶來鮮花的芬芳，驅散臭臭的空氣；然後引導小鳥叼來有強大生命力的綠草，把它種在黑黑的泥土上，黑土馬上變成綠油油的草地，充滿了生命的活力。

第二招：放魚入水，小魚變大

　　為了救活那條小魚，我引導小良尋找水源。不一會，小良就在不遠處找到了一個大大的湖泊，湖水清澈見底，甘甜可口。我讓小良馬上抱著小魚，一路快跑，把魚兒放入湖水中。小魚一入水中就活了過來，在水中歡快的嬉戲，並且身體越來越大，不一會就長成數十公斤重的大魚！小良肆無忌憚的大笑起來，笑出了許多眼淚。於是，我引導小良把這歡樂的情景放在心裡並帶著這美好的畫面回到現實中來。

第三招：討論意象，理解生命

　　我問小良：「小魚是誰？」

　　小良說：「小魚是我，是我當下憂鬱狀態的象徵。」

　　「水是什麼？」我又問。

　　「水是生命的泉源，沒有水就沒有生命。」小良馬上回答。

　　「對於你來說，水是什麼？」我追問。

　　「水是理解，是尊重，是愛。」小良思考了一下，一字一句的吐出。

　　「嗯，你在生活中缺乏這些嗎？」我再次追問。

　　「沒有人理解我，很多人看不起我，父母也不喜歡我、老教訓我。我活在一個幾乎感受不到愛的世界裡，唉……」小良大哭起來。

　　等小良情緒穩定後，我又問他：「在剛才的冥想世界中，你

是如何讓周圍的環境變好的？」

「看見陽光，花兒會開放，空氣會變香！廣交朋友，遇到事情會獲得許多幫助，就像小鳥會從遠處叼來綠草，讓黑土變成綠油油的草地，讓生命充滿活力。」小良笑了起來。

「小魚是如何變成大魚的？」我又啟發道。

「不要讓自己待在乾涸的地方等死，要主動跑到清澈的湖泊中自我救助！只有自己對自己好，才有可能從這個世界上獲得想要的一切！」小良大聲說。

……

看世界的眼光變了，人就會發生變化！人的心態變好了，周圍的一切都是美好的！

第四招：尊重支持，放逐憂鬱

多少憂鬱在剛剛發生的時候，只是渴望被理解、被看見，卻因為外界壓力自己不敢正視，在努力偽裝成一副「我很好」的樣子中，最終釀成慘劇。

其實，我們每個人都會有難過的時候，或多或少都會有憂鬱情緒。但憂鬱症並不是「早上出門掉了一百塊錢」這樣短暫的難過，它是一種持續低落的狀態，甚至對你曾經很想做的事情，都失去了興趣。

如果我們一直輕視憂鬱情緒的存在，負面情緒沒有得到正確的疏解和引導，就會大大增加其演變為憂鬱症的機率，由輕度憂鬱發展為中度甚至重度憂鬱，在一個沼澤裡越陷越深，甚

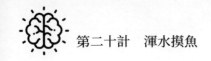

至導致讓人心痛的結局。

　　憂鬱症患者的孤獨與絕望，經常來自外界的誤解或輕視。外界不明白患者是真的生病了，而且這種病還很複雜，反而對患者諸多冷嘲熱諷，使得憂鬱症患者本就黑暗的生活雪上加霜。與憂鬱症對抗，患者需要的不是周圍人的大道理，而是支持與鼓勵，再簡單一點，就是理解與關心。

　　《走出憂鬱》一書中寫道，許多人問我如何對待身患憂鬱症的朋友或家人，我的回答其實很簡單：減輕他們的孤立感。幫忙泡杯茶，促膝長談，或是相鄰而坐，保持沉默，或是其他適合當時狀況的方法。但你一定要做些什麼，而且要發自內心的樂意去做。

第二十一計　金蟬脫殼

　　此計語出《元曲選・硃砂擔》第一折。在元朝以前，金蟬脫殼一語就用來喻指某種軍事計謀。如元朝惠施《幽閨記・文武同盟》：「曾記得兵書上有個金蟬脫殼之計。」後來在各類文章、作品中使用此語的就更多了。再如元朝馬致遠〈三度任風子〉：「天也，我幾時能夠金蟬脫殼，可不道家有老敬老，有小敬小。」

　　金蟬脫殼原意指金蟬變為成蟲時，要脫去幼蟲的殼；比喻留下表面現象，實際上卻脫身逃走。在心理危機介入中，金蟬脫殼引申為心理輔導教師巧妙用計，幫助來訪者脫離困境，化險為夷，脫胎換骨。

▌藍鯨遊戲，死亡危機

　　藍鯨，是一款俄羅斯死亡遊戲，曾因煽動多名青少年自殺而引起注意。這款遊戲的發源地是俄羅斯最大的社群網站「VK」，當一位想參與遊戲的年輕人在社交網站上發送特定的標籤或者參與特定的群組後，會有活動的組織者與其聯絡，要求參與者完成列表上的所有項目，這些項目簡單的有一天不和任何人說話，稍微進階一些的有自殘，最後就是挑選合適的時候自殺。

現在作為這個遊戲開始的地方，俄羅斯最大的社群網站「VK」已經封鎖了某些話題和小組，但即使是這樣，現在也已經有一百三十名俄羅斯青少年自殺了，而且這個遊戲還在向世界擴張。

更加令人揪心的是，一些自殺事件還被拍成影片，發表到「VK」上。死者遺體的照片、沾滿血跡和腦漿的衣物，甚至死前的聊天紀錄都在「VK」的一些特殊群組裡有著極高的地下交易需求。自由歐洲電臺的記者還發現，如果想成為「藍鯨」遊戲的管理者，只須繳納 60 歐元即可。這也說明，一例例青少年自殺事件的背後，是不法分子對金錢的貪婪。

「藍鯨」遊戲可以順利殺掉這麼多人的原因之一是，他們採取了漸進式的目標，直接和這些青少年說「你去死吧」，他們當然不會聽從，但在一系列活動之後，活下去的欲望就會被消磨得幾乎沒有了。

從三十到四十九，你每天都要在清晨四點二十分起床，看恐怖影片，聽他們發的音樂，每天都要在手上劃傷口，並且和鯨魚講話，五十是最後的死亡。他們使用的這個方法其實並沒有很高明，這是一種類似「得寸進尺」的技巧，讓這些青少年一步步接受之後，再接受更過分的要求。

小果（化名）是某小學六年級學生，偶然的加入一個藍鯨遊戲聊天群組。進群組之後，群組管理員就對她說：「如果妳想開始遊戲，請先將校名、班級、老師名字、家庭住址、家庭成員

全部繳交。」因為好奇，小果透露了自己所有的私人資訊和相關學校的資訊。自此以後，小果一步步被誘惑、控制，不得不按照管理員的指令完成各式各樣的任務。有一天，小果按照管理者的指令用書包背上一袋石頭，爬上教學大樓樓頂準備跳樓。幸運的是，敏感的班導師發現了小果的行為怪異，馬上跟蹤小果到樓頂，在千鈞一髮之際抱住了小果，把她從死亡的邊緣解救下來！

藍鯨遊戲為小果帶來嚴重的心靈創傷，其療癒的確是一個脫胎換骨的過程，需要「金蟬脫殼」之術。

第一招：刨根問底，尋找禍根

與小果建立了良好的諮商關係，獲得小果的信任之後，我刨根問底，尋找小果要走絕路的原因。

「聽說妳經常在一個聊天群組裡活動？」我似乎不經意的問。

「是的，群組裡有二十多個好友。」小果輕聲回答。

「妳是學生，一般什麼時候參與群組裡的活動？」我問。

「一般是在夜裡，半夜。」小果低著頭。

「嗯，妳是什麼時候加入群組的？」我不動聲色。

「半年前的一個晚上，我很無聊，就打開電腦玩遊戲。不一會，我的社群軟體就發來一則訊息，有人申請加我好友。於是，我就接受了他的好友申請，是『幽冥鬼』。我覺得這暱稱挺

好笑的，就和他聊起來。我發現他見多識廣，說話幽默，挺有意思的。聊了幾天後，他對我說，他有一個特別有趣的群組，這個群組與其他的群組不一樣，特別刺激，也特別適合像我這類孤獨的女生。他很喜歡我，特別給我一個進群組的名額，錯過了，就沒有第二次機會了！我怕失去他，馬上要求他把我拉進群組。」小果回憶的時候時不時露出快樂感。

「嗯，你們在群組裡聊些什麼？」我表現出十分好奇的樣子。

「我們聊很多。有個人的生活、心中的祕密，家庭隱私、父母的情況，學校的生活、老師和同學的糗事，都是平時不會對身邊人說的事情。我們都在發洩各種不滿，都在抱怨各式各樣的不公平，說各式各樣仇恨的話題。」小果眼神空茫。

「嗯，你們在群組裡會做些什麼事情？」我繼續表現出好奇的樣子。

「我們會看許多恐怖的影片，都是與鬼魂、死神有關，是血淋淋的，非常恐怖。可是，很奇怪，我一方面很怕看這類影片，另一方面又像著了魔似的要看。還有，我們會自拍一些影片傳到群組裡，用針扎手指流血、用釘子扎膝蓋流血、脫衣服自拍、用木棒打死小狗、用火燒貓等。」小果的臉上沒有什麼表情。

「嗯，妳能完成幽冥鬼給妳的任務嗎？」我依然表現出好奇的樣子。

「能。我已經完成了四十九項任務了，要不是那天被班導師抱住，我跳下樓就完成了第五十項任務，死了！」小果臉部表情有點古怪。

「對於那天要跳樓的事情，現在妳是怎麼想的？」我看著她的眼睛，追問道。

「我上當受騙了，很後悔！如果那天跳樓成功了，我想像不到我父母親如何活下去！唉，我太傻了，恨死幽冥鬼！」小果淚眼汪汪，一副後悔莫及的樣子。

藍鯨遊戲利用「登門檻效應」，得寸進尺，讓人不自覺的言聽計從，一步步走向死亡，多麼可怕！

第二招：解除恐懼，心清根正

藍鯨遊戲是死亡威脅遊戲。參與者一進入遊戲，就會被群組管理員洗腦，並且被加以各種死亡威脅，比如，「生活糟透了，不會變好了。你是一個很無趣的人，你的父母也不需要你，也永遠不會理解你。你的生命，除了在年輕時候自殺，不會有任何美好的事情發生。你是被選中的人，死亡就告訴你一切的答案」。

小果被班導師解救後，每天都在忐忑不安，如坐針氈。幽冥鬼的威脅讓她頭痛欲裂，「妳如果不完成任務，我會帶人找到妳家，殺妳全家。開始遊戲的時候，妳告訴過我妳的所有資訊，我肯定能找到妳及家人。」她最擔心的事情是不幸會降臨她

的親人頭上。

　　為了解除小果的恐懼情緒，我對小果進行了催眠，並且展開潛意識對話。想像中，小果看到了一個「魔鬼」（幽冥鬼的化身），我讓她鎮定以待，用平靜的眼神、微笑的看著「魔鬼」，直到「魔鬼」無影無蹤。事後，小果感慨，原來恐懼是一種心魔，是自己害怕和擔心的結果！心清根正，不怕半夜鬼敲門！

第三招：果斷報警，刨除禍根

　　了解了小果的情況之後，我要求小果的父母立即報警，檢舉幽冥鬼和藍鯨遊戲聊天群組。警方果斷採取措施，一舉抓獲犯罪嫌疑人，從根本上解決了安全隱患，還小果一個基本的安全感。

第四招：親情建設，重享溫暖

　　小果的父親是一個商人，一年到頭在外奔波，難得有時間在家，更不用說陪伴孩子了，在小果的成長過程中，父親就是「影子」一樣的存在，父女關係相當陌生和疏遠。

　　母親是小果的主要照顧者，由於母親性格比較暴躁，對小果要求很嚴格，小果一有過錯或者事情沒有達到母親的要求，母親往往會大發雷霆，又打又罵。小果對於母親是又愛又怕，母女之間有一定的隔閡。

　　小果有一個小她八歲的弟弟。弟弟相當任性，又受父母嬌

慣，經常「搶奪」她所喜歡的東西，小果不太喜歡弟弟。

　　面對小果的家庭問題，作為心理輔導教師，我為她一家人做了關係輔導，讓小果父母理解家庭關係對於子女成長的重要性，要處理好工作和生活的關係，調整好自己的情緒，有效陪伴孩子，讓孩子享受家庭的溫暖。

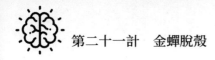

第二十二計　關門捉賊

　　此語是流傳已久的民間俗語，其意不言自明。它與另一民間俗語「關門打狗」意思相近。後來人們把日常生活中的這種小智謀移用於戰爭，就有了不同凡響的意義。在軍事實踐中，它與軍事家和軍事指揮員常講或常用的圍殲戰、口袋戰等大體上是同一件事。古今中外戰史上使用此計的，比比皆是。

　　關門捉賊原意是關起門來捉進入屋內的盜賊；戰爭中，比喻對弱小的敵軍採取四面包圍、聚而殲之的謀略。在心理危機介入中，關門捉賊引申為心理輔導教師審時度勢，因勢利導，引導來訪者意識到自己的問題，繼而集中力量解決該問題。

▌路遇侵擾，心理受創

　　在精神病學上，心理創傷被定義為「超出常人經驗的事件」。心理創傷通常會讓人感到無能為力或無助。心理創傷的發生都是突然的、無法抵抗的。

　　提到心理創傷，我們就會想到戰爭、洪水、地震、火災及空難等，其實心理創傷遠遠不只這些重大的事件，還有在我們日常生活中可能會長期經歷的忽視、情緒虐待、軀體虐待、疾病等，都會促使心理創傷的形成。

　　經歷了或者見到了創傷性重大事件後，人的心理、身體等

會產生一系列的變化。心理上的變化：輕的在短時間內出現緊張、不安、失眠、惡夢、心神不定等急性激烈反應的症狀，可能自行緩解，也可能延續。刺激反應過度的，可能在較長的時間都恢復不到常態；嚴重的會出現睡眠障礙、憂鬱障礙、焦慮障礙及物質濫用等，甚至還有自殺行為。有創傷後壓力症候群的患者，增加了心絞痛、心力衰竭、支氣管炎、哮喘、肝臟及周邊動脈疾病、慢性疼痛等身體疾病的患病機率。

創傷後壓力症候群通常在事故發生後六個月之內就會發病，跟身體上的病是同一件事，越拖影響就越大，越晚治療難度就越大。所以我們要時常關注自己和周圍人的情緒，尤其是在經歷了一些重大的生活事件以後，假如出現上述身心症狀，應該及時尋求救治。

英子（化名）是某高中的學生。某天晚自習結束後，英子獨自回家。在離家大約兩公里的一條巷子裡，英子被兩個小混混堵住，他們對英子說了許多難聽的話，還動手動腳。英子大聲呼救，竭力反抗，最後一個路過的大叔見義勇為救下了英子並把她送回了家。當晚，英子發起高燒，做了許多惡夢，夢話不斷。此事發生之後，英子一週沒有去上學，怕見老師和同學，看見陌生人直打哆嗦。

顯而易見，這個突發事件已經對英子造成了心理創傷。如何對英子進行心理援助，是我必須直接面對的問題。根據對英子的具體情況的分析，我採用了「關門捉賊」的策略。

在心理輔導中，賊是指「心賊」，包括錯誤的觀念、心理創傷等。對於英子來說，她的「心賊」有哪些？如果能引發她意識到自己的錯誤觀念及心理創傷，就可以引導她集中自己的力量，針對性的解決這些問題。但要捉住這些「賊」要有勇有謀，不能讓賊「垂死掙扎」、「困獸猶鬥」。

第一招：積極引導，跳出三個陷阱

積極心理學的奠基人馬丁·賽里格曼（Martin Seligman）對人們如何面對苦難進行了幾十年的研究。他的研究發現，人們振作起來、走出創傷的關鍵是跳出三個陷阱：一是自我化陷阱，認為不幸都是自己的過錯。二是普遍化陷阱，認為不幸會影響自己生活的各個方面。三是永久化陷阱，認為不幸與負面情緒會持續一輩子。

事件發生後，英子內心有三個「賊」：其一，惶惶不可終日，擔心不幸再度發生。其二，自怨自艾、內疚不已，罵自己做事粗心大意，竟然要夜裡回家拿複習用書。其三，一切都是自己的錯，是自作自受。

「都是我自己不好，做事情丟三落四的，我該死！」英子一邊哭一邊責罵自己。

「嗯，妳的意思是說，妳做事情丟三落四就必須受到懲罰，是嗎？」我輕聲問。

「是的，必須受到懲罰！」英子可憐巴巴的說。

「妳的意思是說，那兩個小混混騷擾妳是天經地義的？」我平靜的看著她的眼睛。

「啊？不，不，不！我不能被侵犯！」英子一臉的恐慌。

「這次事件的過錯方是妳嗎？那個大叔不應該救妳？」我一字一句的問。

「不，不，不！那兩個小混混應該受到懲罰！我是受害者！」英子清清楚楚的說。

「妳該死嗎？」我緊追不放。

「不！是那兩個小混混該死！」英子破涕為笑。

事件發生後，英子想從痛苦中儘快走出來，但是她發現自己無能為力，越想擺脫痛苦，痛苦反而加深。她經常感到胸悶氣不順、呼吸困難、寢食不安。

「我完蛋了，就像一尾即將死在沙灘上的魚，就要斷氣了。」英子有氣無力的說。

「嗯，妳很難受，是嗎？」我溫和的問。

「我胸悶氣不順，呼吸困難。」英子可憐兮兮。

「妳很想馬上擺脫痛苦，是嗎？」我不急不徐問道。

「當然！我想與這個事件一刀兩斷！」英子急切的說。

「妳得過重感冒嗎？」我微笑著。

「得過。這與重感冒有什麼關係？」英子一臉茫然。

「重感冒會發高燒、流鼻涕、咳嗽、肺部發炎等，就是吃藥、打針也需要一段時間才能痊癒。妳通常需要多長時間才能

好起來？」我說。

「一般需要一週，有時需要十天左右。」英子眨眨眼睛。

「面對危機事件所帶來的打擊，每個人都會感到無助、悲傷，要允許自己在悲傷、焦慮、痛苦的情緒中沉浸一段時間，不要著急，不要想著立刻從負面情緒的泥潭中爬出來。」我一副鎮定的表情。

「哦，你的意思是說，我要學會承認並且接受危機事件帶給我的打擊，不做無謂的對抗，是嗎？」英子若有所思。

「是的，有一段時間受負面情緒影響是正常的，不著急。同時要堅信，負面情緒是不會無限期繼續下去的，一定會自然離開！」我認真的說。

事件發生後，英子一方面感到莫名的恐慌，好像是世界的末日；另一方面，好勝心很強的她，又不甘心就此沉淪，簡直是不知所措。

「我就像一個被關在黑房子裡的小孩，面對周圍的漆黑一團感到恐懼不安，有一種窒息感。」英子臉色蒼白。

「妳怕自己被恐懼吞沒？」我平靜的問。

「是的，我感到很無助，一點力氣都沒有。」英子的聲音微弱到幾乎聽不見。

「妳試一下，妳的手腳還能動嗎？」我加大音量。

「當然能動，嘻。」英子低聲笑了一下。

「再感受一下自己的呼吸，還會呼吸嗎？」我的音量再次加大。

「呼吸順暢，哈。」英子的笑聲響了一些。

「妳再聽聽自己的心跳，聽得到嗎？」我又加大音量。

「怦怦直跳，哈哈。」英子發出很大的笑聲。

「妳感受到自己還活得好好的，是嗎？」我大聲問。

「是的，老師，風雨過後定是彩虹，不幸是人生的一種經歷，其積極作用是助人成長！哈哈哈！」英子大笑起來。

當一個人身處一個團體中，與他人好好來往、相處、學習、工作的時候，會更容易找到自信和生活的樂趣。我讓英子記錄下每天自己做出的努力，那些付出的東西都會提醒著她，她正在進步，她正在往前走，她的未來會越來越好。

第二招：了解創傷，著力康復

馬迪·霍羅維茨教授（Mardi Horowitz）是創傷研究領域的世界頂尖級專家，他把撫平人類心理創傷的過程劃分為下列五個階段：

* 第一階段，痛哭（outcry）。
* 第二階段，麻木和抗拒（numbness and denial）。
* 第三階段，入侵式回憶（intrusive re-experiencing）。
* 第四階段，理解創傷（working through）。
* 第五階段，撫平創傷（completion）。

然而這五個階段不是固定不變的，並非所有人都會照此順序走完自己的心路歷程。有人可能會跳過其中幾個，或者以其

他途徑代之。霍羅維茨教授的理論最為人稱道之處在於，他為我們了解創傷康復背後的心理過程提供了一種全新的分析方法。

　　我和英子就過去一週的心理情況進行討論分析，就創傷狀況及自我康復狀況進行評估。

　　「那天晚上我被嚇傻了，一回到家也不敢告訴父母，跑進臥室把門一關，就用被子把身體緊緊裹起來，從頭裹到腳，即使這樣，也是渾身發抖，抖了大半夜。在被窩裡蒙頭大哭，也不知道哭了多久，後來就迷迷糊糊的做惡夢，夢見自己被兩個魔鬼抓住，要被吃掉……被嚇醒又大哭，哭迷糊了又做惡夢……早上，我發高燒了，全身無力，病倒了。」英子眼神無光。

　　「生病後，一天到晚昏沉沉的，爸爸媽媽和我說話，我都好像聽不見；身體僵硬，好像沒有知覺，媽媽用手掐我，也不感到疼痛；媽媽餵我吃的，我不僅感覺不到味道，還直嘔吐，把媽媽嚇個半死……唉，我都不知道那幾天是怎麼過來的。」英子一臉沮喪。

　　「後來，腦子似乎清醒過來，那天晚上發生的事情就像放電影一樣不斷回放，越來越清晰，特別是大叔痛打小混混的畫面！小混混被打得屁滾尿流、嗷嗷叫，好激動的場面，哈哈！」英子一臉陽光。

　　英子經過一週情緒的大起大落，痛哭、麻木與一而再、再而三的回憶後，已經對危機事件有了比較清晰的認知，對危機事件所帶來的心理傷害也有了較客觀的評價，她已經可以直接面對傷害了。

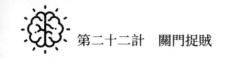

第三招：拓寬思路，建立成長型思維

固定思維俗稱死心眼、死腦筋、頑固不化，在認識事物的過程中，往往不分青紅皂白，以一事而類推其他事情。固定思維不利於人從心理傷害中走出來。

在成長型思維裡，低谷、失敗、挫折、逆境都可以讓人覺醒、徹悟、振奮，讓人感覺被鼓勵向上。這是反省自己、查缺補漏、重整旗鼓，再勇往直前的好時機。建立成長型思維就會自覺的把「賊」關起來，從而捉住「賊」。

「現在妳是如何看此次事件的？」我笑問。

「好像也沒有那麼可怕了，也許對我的成長有好處。」英子也笑了笑。

「可以具體說說嗎？」我鼓勵道。

「人的一生不可能是一帆風順的。有句話說，人生不如意事十有八九，所謂萬事如意只不過是人面對挫折時的一種美好願望而已。吃一塹長一智，經歷挫折，人會成熟起來，會變得更加堅強，更加強大！感謝這次危機事件，感謝所有幫助我成長的人！」英子容光煥發，精神抖擻。

「我看到過一個故事，發生在一九五〇年代美國的一個農場。農場主人為了方便拴牛，在莊園的一棵榆樹上箍了一個鐵圈。隨著榆樹的長大，鐵圈慢慢嵌進了樹身，榆樹的表皮留下一道深深的傷痕。有一年，當地發生了一種奇怪的植物真菌疫病，方圓幾十公里的榆樹全部死亡，唯獨箍了鐵圈的榆樹存活

了下來。為什麼這棵榆樹能倖存呢？植物學家對此進行研究。結果發現，正是那個嵌入榆樹的鐵圈拯救了它。因為榆樹從鏽蝕的鐵圈裡吸收了大量鐵，對致命的病菌產生了很強的免疫力。這棵樹至今仍生長在美國密西根州比尤拉城附近的那個農場裡，充滿了生機和活力。創傷能讓植物充滿生機和活力，我也能夠在創傷中成長起來！」英子侃侃而談，神采飛揚。

　　危機事件能帶給人成長的機遇，心理傷害可以成為實現人生價值的動力。危機事件的結束時刻，就是人生的一個新起點。

第二十二計　關門捉賊

第二十三計　遠交近攻

　　此語出自《戰國策·秦策》。范睢曰：「王不如遠交而近攻。得寸，則王之寸；得尺，則王之尺也。今捨此而遠攻，不亦謬乎？」這是秦國用以併吞六國，統一全中國的外交策略。

　　遠交近攻原指在戰備擴張時，由於受到地理環境的限制，和距離遠的國家結盟，而攻打鄰近的國家，分化瓦解敵方陣營，各個擊破，逐步獲勝的謀略。在心理危機介入中，遠交近攻引申為和過去的痛苦經歷和解，聚焦解決當前的問題，最終使得舊傷與新傷一併療癒。

▌考試失利，如影相隨

　　焦慮是對親人或自己生命安全、前途命運等的過度擔心而產生的一種煩躁情緒，其中含有著急、掛念、憂愁、緊張、恐慌、不安等成分。它與危急情況和難以預測、難以應付的事件有關。時過境遷，焦慮就可能解除。這是現實性焦慮。

　　現實性焦慮所表現的是對現實的潛在挑戰或威脅的一種情緒反應，而且這種情緒反應是與現實威脅的事實焦慮相對應的，是一個人在面臨其不能控制的事件或情景時的一般反應。特點是焦慮的強度與現實的威脅的程度相一致，並隨現實威脅的消失而消失，因而具有對應性意義。它有利於個體動員身體

的潛能和資源來應付現實的威脅，逐漸獲得應對挑戰所需要的控制感及有效解決問題的措施，直到這種現實的威脅得到控制或消除。因此，現實性焦慮是人類適應和解決問題的基本情緒反應，是人類在進化過程中形成的一種適應和應對環境的一種情緒與行為反應方式。

　　焦慮是最常見的一種情緒狀態，比如快考試了，如果你覺得自己沒準備好，就會緊張擔心，這就是焦慮。這時，一般人通常會抓緊時間複習應考，積極去做能減輕焦慮的事情。這種焦慮是一種保護性反應，也稱為生理性焦慮。當焦慮的嚴重程度和客觀事件或處境明顯不符，或者持續時間過長時，就變成了病理性焦慮，稱為焦慮症狀，符合相關診斷標準的話，就會診斷為焦慮症。

　　楊小奔（化名）是某明星高中的高三學生，成績優秀，但看上去憂心忡忡，愁眉不展。他說，隨著大學入學考的臨近，他的焦慮與日俱增，吃飯沒胃口，失眠很嚴重，眼前經常晃動著高中入學考的分數 —— 考上第一志願高中的最低分數線！按照當時的學業成績，他本應該超過分數線二十多分，但結果令人大失所望。他非常擔心的可怕一幕發生了。現在，大學入學考成為他的惡夢。高中三年以來，他一直臥薪嘗膽，奮發圖強，目標是一所城市的知名大學。他真擔心自己目前的高度焦慮會讓他再次馬失前蹄，對不起辛辛苦苦培養他的父母。

　　如何幫助楊小奔解決當前焦慮的困擾？根據對其具體情況

的分析，我採用了「遠交近攻」的策略。

　　楊小奔高中入學考試的失利類似於遠處的敵人，是他成長過程中獨立意識的需求與對父母不安全依戀之間對立衝突所導致的「苦果」；當前面臨的大學入學考則是近處的敵人，一方面他要完全獨立、脫離父母，另一方面他又害怕與父母分離，乃至驚慌失措。要幫助楊小奔「脫離苦海」，既要幫助他與高中入學考的失利和解，又要幫助他清楚地理解當下高度焦慮的本質，不逃避、不退縮，勇往直前。

第一招：追根溯源，與以往和解

　　「請具體說一說高中入學考，好嗎？」我遞給他一杯水。

　　「往事不堪回首，唉。我的學業成績一直很好，都是年級前三名，是父母的驕傲，學校的光榮，同學的榜樣。本以為，我在高中入學考中會高中榜首，竟然只是勉勉強強上了現在的學校。當時真的是無顏見江東父老，唉……」楊小奔淚流滿面。

　　「當時有什麼令你不開心的事情發生嗎？」我遞給他一張衛生紙。

　　「嗯，家和萬事興，此話有理。上國三時，我爸爸投資失敗，血本無歸。爸爸天天以酒消愁，不是酩酊大醉，就是大發酒瘋，打罵媽媽和我。媽媽當時也非常苦悶，覺得這個家已經沒有希望了，鬧著要和爸爸離婚。我非常害怕，擔心失去這個家，失去爸爸或者媽媽，一天到晚魂不守舍……高中入學考

時，我的頭暈暈的，好像一直不那麼清醒，發傻、空白、心緒混亂，我真不清楚自己是如何考完試的。」楊小奔嚎啕大哭。

「嗯，這是一段很不愉快的經歷。你想永遠背著這份痛苦朝前走嗎？」我沒有急著安慰他。

「都說幸福就是陳年老酒，越陳就越香！痛苦就是毒藥，放得越久，其毒倍增！其實，我好想放下，就是不知道如何放下，唉……」楊小奔又是一聲長長的嘆息。

「你知道『和解』這個詞嗎？」我轉換話題。

「和解，什麼意思？」楊小奔有點困惑。

「過去的事情都是你人生的經歷，無論好壞，都可能會成為你人生的財富，把經歷變成閱歷。和解就是接納、品味、咀嚼這段經歷，把個中的滋味細嚼慢嚥，讓它成為你人生閱歷的一部分，成為你繼續往前走的動力和能量！」我一字一句的說。

「哦，與過去的一切和解，痛苦就不再是痛苦，還可能成為獲得幸福的能量！」楊小奔臉上有了笑容。

沒有痛苦就體會不到幸福，痛苦與幸福本來就是孿生兄弟。換個角度看問題，你就能夠看到不一樣的風景。

第二招：面對現實，正本清源

「你從小是跟媽媽長大的嗎？」我問。

「不是，一歲多時我就和外婆住，爸爸媽媽當時很忙，沒有時間照顧我。我經常好長時間看不到媽媽，常常會哭，等到媽

媽來了會不讓她走，會哭得死去活來。我一直沒有安全感，總擔心被媽媽拋棄，怕父母不要我。現在我還會做被父母拋棄在沙漠裡的夢，哭得一塌糊塗。」楊小奔又哭得稀里嘩啦。

「你現在很焦慮，是不是與媽媽有關？」我已心中有數。

「嗯，應該有關。其實我內心非常糾結。一方面，我非常想去城市讀大學，實現我的人生價值；另一方面，我又很怕離開媽媽，離開了媽媽會不踏實，就像天上的雲朵，沒有家，不知道自己是誰，要到哪裡去，去做什麼。我的確沒有安全感。」楊小奔臉上「烏雲密布」。

「你斷奶沒有？」我突然問。

「啊？老師，您什麼意思？我一歲之後就沒有奶吃了。」楊小奔一臉疑惑。

「你心理上一直沒有斷奶！你還是一個依偎在媽媽懷裡一直在找奶吃的寶寶！」我毫不留情。

「啊？您是說，我的心理年齡還停留在寶寶階段？」楊小奔乾瞪眼。

「幼兒期是一個人安全依戀建立的關鍵期，這安全依戀的建立至少需要兩到三年的時間。建立安全依戀的核心是穩定，也就是來自主要的照料者，比如說媽媽，始終穩定的在孩子的身邊，讓孩子覺得，媽媽是一直在那裡的，並且當孩子需要的時候，孩子要喝奶的時候，乳房就來了；孩子哭的時候，擁抱就來了；孩子再怎麼吵鬧，媽媽也不會拋棄他們，在跟媽媽的

互動過程中，孩子是能夠看到媽媽的眼睛裡閃爍著愛的光芒的；孩子情緒失控的時候，媽媽用溫暖的懷抱，像個容器一樣把孩子的痛苦收容起來，讓孩子可以保持穩定等。這一系列的過程，都是幫助孩子建立起基本安全感、依戀、基本信任的過程。在這個過程中，孩子會慢慢內化媽媽對他的愛，即使是媽媽不在的時候也會覺得，媽媽不會不要自己的，媽媽是愛自己的。你一歲後，就被迫與媽媽長期分離，穩定的依戀關係沒有建立起來，那種被拋棄、不被愛的感覺就深入了你的內心，你也就沒有內化的愛與可以支撐的、穩定的、依靠的力量，這也阻礙了你作為獨立個體向外闖蕩和發展。面對著即將迫使你分離、走向獨立的大學入學考，你忐忑不安、驚慌失措，企圖逃避、退縮，你就用高度焦慮作為藉口，想矇混過關！」我殘忍的揭開他的創傷，一針見血。

「啊？原來如此。」楊小奔臉色蒼白。

「是的，高中入學考成績不好，表面上是父母鬧離婚的結果，你是為父母做出犧牲，實則是你用幼兒耍無賴的方式懲罰父母！大學入學考馬上要到了，你想故技重施！」我斬釘截鐵的說。

「看起來，我真的沒有長大，不成熟，唉⋯⋯」楊小奔就像洩了氣的球，臉上反而有了放鬆的表情。

好的環境才能讓人成長成熟，才能夠對抗外界的不利因素。但生活往往不盡如人意，有很多時候會經歷早年的喪失，

包括父母的離異、死亡、被拋棄等。而且，重要的是在早年的喪失過程中，如果父母沒有很好的幫助孩子告別過往、走向新生，那麼，孩子在以後的關係，尤其是在親密關係中會出現各種問題，走向成熟也會面臨許多的障礙。

第三招：播種孕育，走向新生

我讓楊小奔閉上雙眼，在深呼吸中放鬆身體，放飛心靈，進行冥想。在想像中，楊小奔在一片空曠的原野裡看見一棵樹，樹幹上有一道深深的傷疤。我給他一顆種子，讓他種在這棵樹的傷疤裡，並且給他一瓶能夠孕育萬物的「神水」去澆灌這顆種子。楊小奔照此做了。慢慢的，種子變得越來越大，一隻雄鷹竟然從樹疤裡蹦了出來，展開雙翅，飛向藍天……我讓楊小奔把這隻雄鷹放在心中，帶著牠回到現實中來。

楊小奔滿面笑容，熱情奔放，情不自禁的大聲說，「我是雄鷹，我是雄鷹！我要在藍天翱翔，飛向我要去的任何地方！哈哈！」

幼兒時期所建立起來的基本安全感、依戀、基本信任對於一個人的健康成長很重要。幼兒時期的不安全依戀就像一顆留在身體裡的「炸彈」，一遇到令人痛苦的事件，這顆「炸彈」就會被引爆，並且會把人炸得「人仰馬翻」，讓人心驚肉跳、惶恐不安，嚴重影響人的學習、生活和工作，還將導致一個人在成長過程中缺乏自信、高度焦慮，做事屢屢失利等。

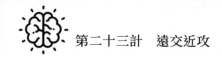

其實，生活中諸多的壓力，都是自己替自己找的坎；生命中諸多的痛苦，都是自己和自己過不去。當一個人真正認識自我、理解自己，並且與自己的以往和解，他的情緒就會穩定，焦慮會緩解，學習會進步，生活會開心，事業會順利。

第二十四計　假道伐虢

本計見《左傳・僖公》中的兩章。春秋時期的大國晉國想要吞併鄰近的兩個小國：虞國和虢國。晉獻公派人送給虞公一批晉國出產的良馬和美玉向他借道攻打虢國。虞公不僅借道給晉國，而且還派兵幫助晉國攻占虢國的國都下陽。三年後，晉獻公再次向虞公借道攻打虢國，虞公慨然答應。晉軍滅掉了虢國，在回師途中順手滅掉虞國。虞公及其家室都當了俘虜。

假道伐虢以向對方借道為名，行消滅對方之實；比喻找個方法或途徑，以達到一石二鳥的目的。在心理危機介入中，假道伐虢引申為心理輔導教師以解決某一問題為由，藉此解決另一關鍵問題，從而化解危機。

▍性愛放縱，如何引導

二〇一〇年前後，中國社群媒體大量出現，一夜之間，人與人的社交距離被無限拉近，陌生人之間的社交成本大大降低。線上交友逐漸成為潮流趨勢，尋求性伴侶更加便利，為偶遇型性行為的發生創造了前所未有的便利條件。人們將沒有感情基礎、缺失承諾和親密度情況下發生的性行為，稱為「偶遇型性行為」。

作為性活躍人群，年輕人，包括青少年，也成了線上交友

約會平臺的重要使用族群。伴隨著約會平臺的普及，青少年性早熟已是事實。青少年處於探索時期，線上交友約會平臺成了他們滿足性好奇的工具，在缺乏性安全知識和自我保護意識的情況下，線上交友約會成為滿足青少年第一次性慾望的主要途徑。

　　一天，一位焦慮的母親帶著她十七歲的兒子來找我，希望我幫幫她「不正常」的兒子——小翔（化名）。

　　小翔對母親一臉鄙夷，說自己沒什麼毛病，有毛病的是父母。

　　「對父母有意見？」我故意好奇的問。

　　「他們是只許州官放火，不許百姓點燈！」小翔憤憤的說。

　　「嗯，只許州官放火？不懂，可以解釋一下嗎？」我微笑著說。

　　「他們一天到晚吵個不休，夜裡又哼哼唧唧鬧個不停，這不是變態嗎？」小翔吼叫。

　　「嗯，什麼是不許百姓點燈？」我接著問。

　　「我不就是和幾個女人約炮嗎！他們憑什麼管我？我長大了，他們做的事情我也有權做，我不虛偽！」小翔振振有詞。

　　……

　　面對青少年的性好奇和性需求以及男女情感問題，如何給予正確的關懷與引導？

　　小翔的問題是對父母夫妻關係的鄙視所引發的性觀念錯

誤，也是青少年性好奇引發的性行為放縱。矯正方法是以「性」為導引，從根本上解決他「約炮」的行為，樹立性健康觀念以及正確的社會道德觀念。假道伐虢就是一個好計策。

第一招：談情說愛，釐清觀念

「約炮？我不太明白，可以具體解釋一下嗎？」我故作好奇，一臉真誠。

「不會吧？你都什麼年齡了，連這事都不懂。」小翔有點不屑。

「是有點土，讓你笑話了。」我依然一臉真誠。

「不就是用網站或者社群平臺找個女人做愛嘛！」小翔滿不在乎。

「哦，做愛？你愛哪個女人？」我故作吃驚。

「你，你真落伍了！完全陌生，怎麼會有愛呢！」小翔對我嗤之以鼻。

「沒有愛，怎麼叫做愛？」我裝作一頭霧水。

「你聽清楚，就是性交，與感情沒有任何關係！」小翔有點動怒了，吼道。

「哦，懂了。可是，沒有感情，做這事，你感覺如何？」我又問。

「這就是發洩。有時有舒服感，發洩後也感到無聊。」小翔聲音弱了下來。

「無聊？不懂。可以具體說說嗎？」我追問。

「就是每次與女人性交後，覺得自己挺無恥的，沒有道德，身體空虛。」小翔低下了頭。

「除了羞恥感，還有什麼？」我繼續追問。

「還有罪惡感，覺得自己犯了罪，總擔心被警察抓走，要坐牢。」小翔的話語中有了重重的鼻音，強忍著不哭。

「嗯，還有什麼？」我再繼續追問。

「還有害怕，身體發冷。我擔心自己得性病，特別怕患愛滋病。每一次性交，我都沒有戴保險套；我也經常做惡夢，看見自己死亡時的悲慘模樣。」小翔終於忍不住，放聲痛哭起來。

「我要性愛，可是我又害怕。我不知道自己到底為什麼要這樣，也搞不清楚自己為什麼會變成這個樣子！活得好無聊，好沒有意思！」小翔一邊哭一邊說。

青春期是青少年性需求特別強烈的時期，但如何獲得正常而又安全的性滿足，的確需要疏導和引導。性健康既是個體需求，也是社會文明和穩定的要求。

第二招：心理遊戲，體驗意象

對於小翔，我沒有「曉之以理，動之以情」，而是笑著以玩遊戲的名義請他在長沙發上躺下來，閉上雙眼。我引導他深呼吸，放鬆身體，什麼都不用想，什麼都不能想，只是感受自己的深呼吸，傾聽自己的心跳。慢慢的，小翔進入自己的潛意識中。

在我的引領下，小翔來到一間房子裡，他看見床上有兩隻狗在性交，他感到臉紅心跳，同時有點厭惡。

小翔來到了一片原野，正感到孤單的時候，他看見了好幾隻漂亮的狗，都是母狗。於是，他看見一隻小公狗朝那幾隻母狗跑過去，急不可耐的與母狗嬉戲、媾和。

突然，天空烏雲密布，雷鳴電閃，母狗四處逃竄，小公狗逃到一間破房子中躲了起來，渾身發抖。

小公狗躲在黑暗的破房子中，又累又怕，感到無助、沮喪，毫無生趣。突然，小公狗感到全身發癢，渾身長滿了紅疙瘩，又變成一身的膿瘡，小公狗奄奄一息。

這時，一隻穿著白袍的猴子走進破房子，一把抱起小公狗並把牠帶到一個窗明几淨的漂亮房子中。猴子把牠抱進一個大浴缸中，讓牠泡在香香的水中，替牠清洗全身，一點點的洗去身體上的膿瘡，然後擦乾身體。小公狗活了過來，在房子裡到處跑，連跑帶跳。

……

第三招：討論現實，面對問題

我把小翔從潛意識中喚醒，讓他回到現實中來，並且就剛才潛意識中看到的畫面展開討論。

小翔說，他看見床上的兩隻狗是他父母的化身，他對父母的情感是挺複雜的。一方面他愛父母，畢竟是父母生養了他，讓他長大；另一方面他對父母很不滿，覺得他們之間沒有愛情，

一直吵吵鬧鬧，家裡從沒安寧的時候。既然這樣相互傷害，為什麼還要做夫妻之事？乾脆離婚算了。

那隻小公狗就是自己的化身，小翔說。他已經「約炮」許多次，都是成年女人。除了好奇與身體發洩需求，其實他是在報復父母，希望他們看見自己已經成年了，不要虛偽過日子，不要以為他什麼都不懂。小翔說著說著，眼淚奪眶而出。

小翔說，其實每次「約炮」之後，都會空虛和無聊。因為他感到自己的確就是小公狗，女人都是母狗，不是「做愛」，全部是「撕咬」，赤裸裸的性交！其實他真不想變壞，他想做好學生，做好人！小翔嚎啕大哭起來。

第四招：正視性存在，疏導性需求

現在的青少年有太多接觸性話題的途徑，有時他們會帶著好奇心在網路的世界中去探索性。他們對性一知半解，有恐懼也有渴求。父母對此往往缺少關注，並且總是不願承認孩子到了擁有性慾望的年紀，因此孩子需要爸爸媽媽的正確引導。

影視作品中出現的粉紅瞬間，上網時彈出的性愛小廣告，各路影片平臺色情主播的故意挑逗，更不用說線上交友約會平臺讓戀愛變得越來越唾手可得。遺憾的是，性安全和性責任的知識並沒有因為網路的便捷得到廣泛的傳播和普及，資訊的不對等、不平衡，一定程度上導致了青少年缺乏性風險意識。性是存在的，青少年的性行為是活躍的，性文化是豐富的，我們

其實應該去正視它，疏導它，而不是一味的去堵截它。

　　社交平臺只是工具，我們需要思考的不是如何禁止約束而是如何合理疏導。青少年的性也不應當成為避而不談的敏感字眼，青少年需要擁有健康、安全的性，在遇到問題和風險時，給予友善的服務和對待。

　　小翔的問題根源在於家庭，在於父母關係的不和諧。小翔說，他要和父母好好的談一次，讓他們看到他的問題的本質，希望他們改善關係。

　　他要到醫院好好檢查一下身體，希望自己沒有得性病。他要把精力用到學業和運動上，爭取有一個好的未來。

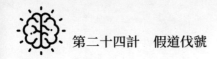

第二十四計　假道伐虢

第二十五計　偷梁換柱

　　本計一般認為源於商紂王「托梁換柱」的傳說。據說，商紂王的父親帝乙一次領著紂王及文武百官遊覽御花園，欣賞牡丹花開，行至飛雲閣處，見到閣上塌了一梁，很是不高興。紂王見狀，竟憑其一身力氣，「托梁換柱」，把一座飛雲閣修理好了。

　　偷梁換柱指用偷換的辦法，暗中改換事物的本質和內容，以達矇混欺騙的目的；比喻玩弄手法，移花接木。在心理危機介入中，偷梁換柱引申為心理輔導教師幫助來訪者用積極情緒取代消極情緒。

▌生活艱辛，何苦反芻

　　反芻，原本指某些動物進食經過一段時間以後將半消化的食物從胃裡返回嘴裡再次咀嚼。心理學家用反芻來比喻對於我們經歷的某些事情、思維中的某些想法的反覆思考。

　　「反芻」心理是一種對過去經歷過的人和事經常在腦海中重現並加以情感回味的心理現象，它常表現在那些在生活中遭受過重大打擊且情感脆弱的人身上。其特徵為：

＊　其一，回味性，總是將過去的事情放在心上，細細咀嚼。

＊　其二，回歸性，經常沉浸在自己所回憶的人和事之中，讓遠距離的生活占據了眼前的生活空間。

＊ 其三，憂鬱性，經常將自己置於痛苦的生活情景之中，讓自己反覆遭受情感的打擊，從而導致情緒愈加低沉。

　　一般來說，「反芻」心理是一種正常的心理現象，每個人都會有這種心理。如果存在過度「反芻」心理，則是一種消極的心理現象，只會增加人的情感負擔，讓人遠離現實，陷入憂鬱的困境，嚴重的則會變成情感憂鬱症。

　　小琴（化名）是一名高中女生。長期以來，她一直處於鬱悶之中，爸爸因為送她到學校上學而出車禍，長年癱瘓在床，媽媽因為終年勞累過度而疾病纏身。在這種艱難的狀況下，媽媽依然拖著病弱的身體，在田裡工作著，不讓小琴輟學。小琴坐在教室裡，腦子裡總是想像著癱瘓的爸爸和辛勞的媽媽，老師講了什麼，她常常似聽非聽、似懂非懂。她總想以優異的成績來報答父母的恩情，可就是靜不下心來學習。看到同學家庭的幸福，她總覺得快樂是他們的，她什麼也沒有。班上有位同學的母親也患了重病，小琴非常同情她，更加想念自己的父母親，因此常常流淚。小琴好想靜下心來學習，可心裡就是抹不去父母親痛苦的神情！

　　面對小琴的「反芻」心理，如何有效引導？

　　在引導小琴的過程中，我有效運用了偷梁換柱這一計策。

第一招：學會適度同情，宣洩不良情緒

　　「看見爸爸，妳什麼心情？」我問。

「出事之前，我爸爸身強力壯，能挑八十多公斤的擔子；爸爸心靈手巧，一把稻草、一塊木頭，在他手裡都能變成飛禽走獸；爸爸性格很好，整天樂呵呵的，和誰都能聊得很好。出事後，爸爸的性格完全變了，要麼一天到晚不說一句話，要麼一點小事就破口大罵，還經常說自己是廢物，活著不如死了好。唉，一場車禍把我的家毀了，把爸爸毀了，都怪我，我不上學就不會發生這樣的事情。」小琴放聲大哭，「他一個大男人，才四十出頭，癱瘓在床怎麼受得了？對他來說，這種生活真的是生不如死，活著的確沒有意思。」小琴哭得一塌糊塗。

「媽媽情況如何？」等小琴心情平靜些，我又問。

「媽媽好可憐，不僅要照顧爸爸，還要做所有的農事，每天早出晚歸，永遠有做不完的工作。媽媽原本很漂亮，皮膚白白的，現在是一身黑，四十不到，看上去就像六十幾歲的人。媽媽現在是一身的病，都是累出來的。我好可憐媽媽！我不想去讀書，媽媽說什麼都不同意，一邊哭一邊罵，說我不讀書就是對不起他們，是不孝！爸爸不答應，她也不答應！我好擔心媽媽會累死！我恨死自己了！」小琴嚎啕大哭。

小琴的「反芻」心理，源於強烈的同情心，幾乎整天都沉浸在憐憫父母親的情感之中。應該說，正常人都必須具有同情心，但是要看到，同情心的作用畢竟是有限的，光有同情心是不可能解決父母親的問題的，如果一味的陷入同情心的困境之中，那可能會加重父母親的憂傷。減輕父母親的痛苦，最好

的方法就是用實際行動來創造自己健康的生活和優異的學習成績。同時，作為一個人也應該理解到，過度的同情心可能會變成一種沉重的精神負擔，構成一種強大的精神壓力，其結果有可能會摧毀自己的意志。因此，一個人若想正常生活，只能保持正常的同情心，即適度的同情心，同時應該將這種同情心轉化成具體的行動，而不應該讓它僅僅停留在情感領域。

不良情緒要及時宣洩，長期鬱積在心裡，只會增加心理包袱，而傾訴則是一種良好的解壓辦法。傾訴是一種輸出，一種對心裡重覆資訊的刪除和清空。

第二招：有序整合事件，恢復完整記憶

恢復小琴對爸爸出車禍這個事件的完整記憶，將事件有序的整合，讓它成為人生經歷的一部分。記憶不僅僅是停留在思維層面，還包括當時的視覺、聽覺、觸覺、味覺、感覺以及情緒等。我為小琴提供安全而充滿支持的環境，讓她述說自己在事件中的個人經歷，從而恢復她對於事件的完整記憶，將那件事看作是自己人生的一小段經歷。

「妳可以說說那次車禍嗎？」我用眼神鼓勵小琴。

「我好怕回憶，很多事情想不起來了。」小琴表情痛苦。

「我和妳一起面對，好嗎？有什麼事情我和妳一起扛！」我大聲說。

「謝謝老師！」小琴點點頭。

「車禍是發生在早上嗎？」我平靜的問。

「是，早上去上學的時候。」小琴說。

「地點是在學校附近？」我又問。

「靠近學校門口的馬路上。」小琴想了一下。

「當時妳爸爸開的是什麼車？」我再問。

「爸爸騎摩托車，我坐後面。」小琴想了一會。

「肇事的是轎車，還是貨車，或者別的什麼車？」我一字一句的說。

「不知道，啊……」小琴突然抱住頭，發出尖叫聲，一副痛苦的樣子。

「放鬆，放鬆，放鬆。一個龐然大物朝你們衝過來，是嗎？」我一邊讓小琴放鬆，一邊追問。

「只聽見『碰』的撞擊聲，我就失去了知覺。」小琴臉色慘白。

「醒過來時，妳看見什麼？」我繼續追問。

「看見什麼？」小琴揪著自己的長髮，「血，血，滿地的血……」小琴臉部扭曲，「爸爸倒在血泊裡……沒看見摩托車……」

「嗯，周圍有人嗎？」我控制住自己的情緒。

「有許多人，同學，老師，還有同學的父母。救護車來了……」小琴說她暈死過去了。

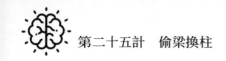

第三招：重建理性認知，快樂的活在當下

透過重建小琴的理性認知，客觀看待家庭狀況。從負面事件中看到成長的意義，在挑戰中獲得新生；並且能夠立足當下，重新考量生活，發現生活中更加重要的事物，珍惜一切美好，追求更重要的意義。

「妳爸爸在家裡能做些什麼？」我問小琴。

「爸爸除了脾氣壞了一些，其實還是挺有擔當的。他已不能做體力工作了，就在床上用稻草編飛禽走獸，都是活靈活現的。城裡有一個老闆，很欣賞爸爸的作品，會定期上門收購，給爸爸許多錢。爸爸好棒！」小琴臉上有了笑容。

「妳的意思是說，爸爸能夠用他靈巧的手支撐起這個家？」我也笑了笑。

「是的，爸爸說他完全有能力供我上完高中、大學，甚至可以替我準備一筆嫁妝錢。」說完，小琴的臉紅了。

「好堅強又樂觀的爸爸！」我豎起大拇指，「妳能從爸爸身上學到什麼？」

「學到什麼？」小琴黑眼珠直轉動，「學習爸爸身殘志堅的精神，學習爸爸積極樂觀的生活態度，學習爸爸不放棄生活的意志！」小琴昂首挺胸。

「好，這才是爸爸的好女兒！」我大聲鼓掌，「將門無犬子，爸爸肯定會為妳感到自豪和驕傲的！」

「是的，我一定努力念書，爭取考上理想的大學，讓自己的

人生有價值和意義，活出生命的精采！」小琴的臉上充滿自信和堅定。

　　積極心態像太陽，照到哪裡哪裡亮！一個人與積極情緒為友，他將擁有美好的明天！

第二十六計　指桑罵槐

本計出自一句民間諺語。《紅樓夢》第十六回王熙鳳向賈璉發牢騷：「你是知道的，咱們家所有這些管家奶奶，哪一個是好纏的？錯一點，他們就笑話打趣，偏一點，他們就指桑罵槐……」

指桑罵槐用到軍事上，則是一種「懲一儆百」、「殺雞儆猴」的謀略，利用它來保證號令統一、軍紀嚴明，以提高部隊的戰鬥力。

指桑罵槐原意是指著桑樹罵槐樹；比喻一種間接對他人進行批評、指責的方法。在心理危機介入中，指桑罵槐引申為心理輔導教師不動聲色，旁敲側擊，正本清源，從而化解危機。

▌子女犯錯，責任在誰

我們都是生命鏈條上的一環，向上望，有父母；往下看，有兒女。我們既是人之兒女，又為人之父母。當為人兒女時，你受到父母的照顧，當了父母的你又得照料子女。這其中的轉變有時候是欣喜的，有時候又是陌生的、茫然的、慌亂的，甚至煩惱的。所以當父母是一種角色，也是一種職能，做得好了，你家族的生命鏈條在你這一環就是熠熠發光的，結實、美麗的。

　　似乎沒有專門的學校開設課程來教人怎麼當父母，但是做人的道理和行為的模範又無處不在。其中上一代的父母就是下一代人當父母的榜樣，這就是傳承。潛移默化的從父母、叔叔、舅舅、阿姨、姑姑、老師那裡學習，學習模仿從父母、長輩、師長、良師益友而來，但是這並不意味著你僅僅接受自己父母的培訓。每一代人都會在模仿父母的同時增進自己對父母角色的理解。

　　問題是兒女在成長的過程中誤入歧途或屢屢犯錯，其責任屬於誰？也就是說，誰應該為兒女的成長問題買單？

　　陳強（化名）是一個身強力壯的十二歲男生，體重已超過五十公斤，搬動數十公斤重的東西對他來說簡直是小菜一碟。陳強在學校也算是個「麻煩人物」，憑著一身蠻力一天到晚惹是生非，不僅欺負同班同學，還要找比他年紀大的同學打架，有時候一天要打兩至四次架，搞得班導師焦頭爛額。一些同學一看見他就遠遠躲開，一些同學被他欺負了，也不敢哭叫，更不敢告訴老師。陳強儼然是校園「老大」，每天耀武揚威的，身後還常常跟著幾個小嘍囉。學校對此也無可奈何，約見家長，公開指責，但是效果都不好。由此，家長非常頭疼，經常對陳強進行拳腳管教。

　　面對一個愛惹是生非的小學生，如何進行有效的引導教育？

　　我從原生家庭入手，對陳強一家三口進行家庭輔導，找到

問題的根源，運用「指桑罵槐」的計策，從源頭上展開疏導和引導工作，有效解決了陳強的行為問題。

第一招：敞開心扉，追根溯源

「一般情況下，你什麼時候會對同學動手？」我遞給陳強一杯水。

「同學不理睬我，不和我說話。」陳強回答。

「嗯，你是希望引起同學的注意？」我看著他的眼睛。

「是的，我也希望有朋友。」陳強眼神中有一絲孤獨。

「同學不理睬你，你很難受，也很生氣，是嗎？」我理解他的話中話。

「是的，我會控制不了自己的情緒，馬上動手。」陳強老老實實的說。

「你有事情叫陳強，他一時沒有回應，你會怎麼做？」我看了看陳強的父親問。

「我脾氣不好，馬上會朝他大喊大叫，然後會打他。」陳強父親坦率的說。

「妳會怎麼做？」我看了看陳強的母親問。

「我也是急脾氣，會罵他，也會打他。」陳強母親也不隱瞞。

「看起來，不是一家人不進一家門。孩子像父母，恭喜你們，孩子是親生的！」我半開玩笑半認真的說。

「老師，你的意思是說，孩子愛打架是遺傳了我們？」陳強父親一臉認真的問。

「性格裡有你們強大的基因，都是炸藥脾氣，一點就著！」我直言不諱，「愛打架就是跟你們學的！你們處理事情的方式就是孩子解決問題的方法！」

對一個家庭來說，父母是原件，孩子是影本。如果影本有問題，多半是原件有問題。父母常常「看到」的孩子的問題，其實是他們自己的問題在孩子身上的「複製」。孩子是父母的投射，當父母在孩子身上看到了問題，那是父母自身問題的外在投射。

從本質上講，不存在有問題的孩子，只存在有問題的父母。父母意味著「頭腦」，孩子代表著「心」。當生命的存在看似出現問題時，那是「頭腦」出了問題。

第二招：開誠布公，引導父母

「你小時候也有類似行為表現嗎？」我問陳強父親。

「是的，小時候我非常淘氣，屬於調皮搗蛋一類，經常挨打。我父親會用木棍打，會把我吊起來打。」陳強父親一臉苦笑。

「嗯，你是用你從父親那裡學來的那一套管教孩子，是嗎？」我一字一句的問。

「我父親老說，棒頭出孝子，兒子就是要打的！」陳強的父

親哭笑不得。

「你覺得這一套管教方法有用嗎？」我抓著不放。

「當年我老在學校闖禍，經常被父親打得青一塊紫一塊。對他，我下手也狠，可似乎沒有作用。我已經因為賠償、賠禮花了好幾萬元了，我賺錢也不容易，早出晚歸的，冤家，上輩子欠他的。唉……」陳強父親唉聲嘆氣。

「我被你打了，氣不過，當然要找同學出氣！」陳強突然插話。

「哦，你打同學是為了把對父母的怨恨發洩出來，是嗎？」我盯著陳強問。

「就是，他們可以打我，我為什麼不可以打同學？我憑什麼要忍氣吞聲？我打不過爸爸，打同學肯定會贏！」陳強有點放肆。

「你從兒子的話中聽出什麼？」我看著陳強的父親。

「他是不服我們，怨恨我們。」陳強的父親底氣不足。

「妳聽見什麼？」我問陳強的母親。

「他打同學是報復我們，其實是在打我們。」陳強的媽媽淚流滿面。

「嗯，種瓜得瓜，種豆得豆，父母的言傳身教在兒女的成長過程中發揮著相當大的作用。有什麼樣的父母，往往有什麼樣的兒女。陳強的暴力行為，一方面是青春期孩子的情緒難以控制的問題，也是孩子效仿父母的表現，更是怨恨父母、報復父

母的另一種方式，不得不引起足夠的重視！」我語重心長的說。

在教育中，要解決孩子的問題，先解決父母的問題。這是從根源上解決問題。沒有一個有問題的家長，就不存在一個有問題的孩子。一個小孩只是家庭和社會之樹上的一枝花朵，它開出了家庭或社會的優點，同時把整個家庭或社會隱藏的弊病也給釋放出來。如果一棵樹上的花朵有了毛病，我們通常要深入樹根去治療，而不僅僅停留在花朵本身。

第三招：尋找「例外」，認同賞識

「在學校你有高興的時候嗎？」我問陳強。

「有，同學向我表示友好的時候。」陳強的眼睛裡有亮光。

「同學向你表示友好，你是怎麼做到的？」我興奮起來。

「有一天，幾個女同學在搬一個沉重的桌子，看見她們滿頭大汗，我就走過去幫助她們。搬好後，幾個女同學都說謝謝我，說我是大力士，嘿嘿！」陳強有點得意。

「樂於助人肯定受人喜歡，很好！」我豎起大拇指，「還有什麼讓別人喜歡的事情？」

「有一次，放學回家的路上，我看見兩個小混混糾纏一個女同學，女同學被嚇哭了，我就跑上前去幫助女同學，那兩個小混混就打我，我一頓拳腳就把他們打倒在地。女同學對我很感激，就拿出一個心愛的玩具送我，說我很有正義感，是好學生。」陳強手舞足蹈。

「他人有難出手相助，是見義勇為的表現，肯定受人尊重！」我鼓掌叫好。

「兒子，你做的這些好事如果能夠告訴爸爸媽媽，爸爸媽媽也就能夠看到你的優點了，也就不會老罵你、打你了。」陳強的父親有點歉意，同時有些興奮。

「兒子，以後你做錯事情，媽媽要控制自己的情緒，盡量不罵你、不打你。媽媽很多事情沒有做好，你原諒媽媽吧。」陳強的媽媽誠心誠意的說。

「爸爸媽媽，你們罵我、打我都是為了我好，我知道你們是愛我的，都是我自己不爭氣，老惹你們生氣。我以後不和你們對抗，再也不打同學了。我要和同學們成為朋友！」陳強一臉認真的表情。

「相信你會說到做到的！爸爸也要做個好爸爸！」陳強的父親大聲說。

「你會是好學生，好兒子！媽媽為你加油！」陳強的母親一臉燦爛。

大量的心理學研究證明，不管是師生還是親子互動，只有把鼓勵和指正的比例保持在四比一至五比一的時候，孩子接受起來才更有效。

教育是一種自省，父母的自省。棍棒拳腳只會讓孩子對這個世界的美好產生懷疑和怨恨，同時會對這個世界充滿敵意與報復。培養陽光的孩子，並讓他的人生圓滿，父母首先要實現

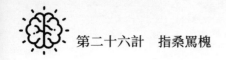

自身生命的圓滿，向外勸導孩子，向內勸導自己，讓內在世界賦予外在世界強大的能量。

第二十七計　假痴不癲

本計名從民間俗語「裝瘋賣傻」、「裝聾作啞」等轉化而來。在日常生活中，人們為了迴避某種衝突，或者為了度過某種危難，或者為了對付某個勢力強大的對手，在一定時期內，故意裝作愚蠢、呆痴，行「韜晦」之計，以求保護自己，然後等待時機，戰勝對手。

假痴不癲意思是假裝痴呆，掩人耳目，另有所圖；比喻表面痴呆、暗裡充滿智慧的偽裝現象。在心理危機介入中，假痴不癲引申為心理輔導教師大智若愚，故意裝傻，巧妙化解危機。

▌我欲跳樓，喚醒同學

每年的高中入學考和大學入學考前，各類考試和測驗如「排山倒海」。許多成績優異的國、高中畢業生往往都有這樣的苦惱：每次考試成績都在班級前幾名，卻常常在成績出來的時候感到煩惱和焦慮——拿到第一名的時候害怕被其他同學追上，感到緊張；沒有拿到第一名的時候，感到很不開心，甚至生氣和憤怒，無法接受這個結果。這到底是怎麼了？其實，這類問題屬於典型的成就焦慮。所謂成就焦慮，就是在追求成就時，因為總想超越他人，或者總擔心被別人超越，導致情緒上常常處於緊張不安的狀態，搞得自己經常吃不香，睡不好，不

愉快。

　　學校校長和老師也會焦慮不安，擔心自己所在學校的成績不如其他學校，學校的聲譽受到不好的影響；擔心自己班級的學生成績不優秀，自己的教學能力得不到校長、家長、社會的認同和肯定，由此會影響自己的評鑑、考績，甚至會影響自己職務、職稱的晉升。這就是與功利相關的責任焦慮。於是一些學校和老師就叫響了諸如此類的可怕口號，「飯不吃，覺不睡，分數不能丟；心可碎，血可流，排名不落後」。

　　面對成績焦慮和責任焦慮等多重壓力的國高中生，其狀況會如何呢？

　　一天，李敏（化名），一個國三女生，在母親的陪伴下走進我的工作室。李敏皺著眉頭，一副憂心忡忡的樣子。據她母親事先介紹，李敏是班上的小老師，成績很優秀，在年級裡排名前十。按照她的成績，李敏考進理想高中應該沒有什麼問題。隨著高中入學考的接近，母親發現李敏的許多行為十分異常，嚴重失眠，每天一大早就是「熊貓眼」；吃飯很少，一副魂不守舍的樣子；經常一個人自言自語，說一些聽起來讓人害怕的與「死」有關的話。母親問她發生了什麼事情，她要麼只是翻翻白眼，要麼粗暴的說「煩死了，別理我」，要麼大哭說「都是我的錯」、「我要用最後一招了，這一招肯定有效」。李敏的異常表現嚇壞了全家人，惶恐不安，驚慌失措。

　　面對著行為異常的李敏，我沉著的接待了她。我首先微笑

著請她就座，遞給她一杯水。然後，我從她的名字開始與她閒聊了幾分鐘，讓她的緊張情緒有所緩解；向她解釋心理輔導的一些原則，承諾保密，不會把她的祕密告知她不願意告知的人；承諾當她的參謀，幫助她想方設法解決目前面臨的問題。我用眼神說話，用恰當的肢體語言表達我的真誠。過了好一會，李敏的情緒平靜下來，慢慢的打開了心扉。

原來，李敏一直在做生死抉擇，「我想用我一個人的死亡換取全班同學的優異成績。」

面對來訪者嚴重的心理危機，假痴不癲表面上看起來無所作為，實際上是「糊塗難得」的一種輔導策略。如何運用此策略？

第一招：假裝糊塗，了解實情

「老師，你覺得死亡是痛苦還是快樂？」李敏眼神憂鬱。

「哦，死亡？這件事情我還沒有體驗過。」我沒有直接回答。

「我覺得應該是快樂的！活著不如死了好，死了就沒有痛苦了！」李敏語氣肯定。

「嗯，妳似乎遇上了相當難以解決的問題，是嗎？」我顧左右而言他。

「氣死我了！同學太不爭氣了！」李敏一副恨鐵不成鋼的樣子。

「同學不爭氣與妳有什麼關係？」我一副事不關己高高掛起的樣子。

「怎麼沒有關係！你還是老師呢，怎麼沒有一點責任心？」李敏一副憤憤不平的樣子。

「同學不爭氣是他們的事情，和我八竿子也打不著！」我依然是事不關己高高掛起的樣子。

「不，肯定有關係！這關乎班級的榮譽！這是班上小老師必須承擔的責任！」李敏幾乎吼了起來。

「哦，妳是因為同學們的成績不如意而感到難受？」我裝出恍然大悟的樣子。

「同學們成績不好，與其他班級同學成績相比有一定的差距！班導師很著急！作為小老師，我難辭其咎！我必須承擔所有責任！」李敏激動大喊。

原來，李敏是由於責任焦慮和成就焦慮產生了死的念頭。

第二招：討論死亡，看清真相

「妳說，妳必須承擔所有責任，如何承擔？」我又裝起糊塗。

「我想跳樓，用我一個人的死亡換取全班同學的優異成績！」李敏咬咬牙齒，態度堅決。

「嗯，妳是想用跳樓換取班級榮譽？」我不動聲色。

「是的！我想用我的死亡喚醒同學們的拚搏精神，自古以來

就是哀兵必勝！」李敏說話的語氣不容置疑。

「哦，妳的意思是說，妳死了，同學們就會好好念書，成績就會大幅度提高了？」我故意表現出好奇的模樣。

「我想應該會的，畢竟我是為了他們跳樓的。」李敏的聲音低了下來。

「妳有沒有想過？如果妳跳樓死了，同學們會不會由於妳的猝死而沉浸在悲痛中夜夜做惡夢？如果妳跳樓了，會不會有同學效仿妳也結束自己的生命？」我似乎問得傻呼呼。

「這？—— 我沒有想過。我只是想讓他們化悲痛為力量，奮發圖強。」李敏低下了頭，眼睛看著地面。

「妳是不是覺得班級成績不好，作為小老師，妳面子上過不去，丟臉了？」我依然一副傻傻的樣子。

「啊？老師，你是說，我要跳樓其實是為了滿足自己的虛榮心？我自私自利，是嗎？」李敏身體有點發抖，說話聲弱弱的。

「也許，當一個人面對自己無法接受的事情的時候，有些人就會為了逃避現實而採用極端的方式。」我緩緩的說。

「哦，老師，你是想說，這是懦夫的行為，是無能的表現？」李敏可憐兮兮的看著我。

「是的！真正的勇士勇於直接面對問題，用積極的想法和行為解決面臨的問題！」我字正腔圓。

教育一旦失去本來的意義與價值，其後果可能是非常可怕的，甚至是慘不忍睹的。

第三招：想像後果，珍惜生命

「現在我們來想像一下跳樓可能產生的後果，請閉上妳的雙眼。」我引導李敏。「這是晚飯後的一個傍晚，夕陽的餘暉灑在校園。妳站在實驗大樓的四樓樓頂，看著三三兩兩的同學從樓下經過，有說有笑，有跑有跳，一派祥和的氣氛；突然妳縱身一躍從樓頂跳了下去，馬上地面上發出咚的一聲巨響，然後是一陣可怕的尖叫聲、慌亂的腳步聲……妳好好看看，妳在地面上看見了什麼？妳是什麼樣子？周圍發生了什麼事？」

「怕，好可怕……」李敏身體瑟瑟發抖，大哭起來，「地上到處都是血，紅紅的，流得滿地都是……有一個屍體，好像已經斷氣了，看不見臉，長髮都是血紅的……有幾個學生也倒在地上，有一個是被砸死的，樣子非常悲慘……有幾個學生蹲在地上，身邊都是難聞的嘔吐物……太可怕了，不要看，不要看……」李敏聲嘶力竭。

「妳再好好看一看，看一看，妳跳樓了，跳了下去，妳還沒有死。妳看看，現在地上是什麼狀況，周圍又發生了什麼事？」我沒有安慰，引導李敏繼續想像。

「我看見一個人癱瘓在地上，她沒有死，腳斷了，手斷了，脖子斷了……眼睛像死魚般翻著白眼……奄奄一息了……」李敏的身體扭曲著，就像一個殘廢之人，極度痛苦的模樣，「老師來了，不知所措……救護車來了，兩個醫生跑下車，把她小心翼翼的抬上擔架……救護車呼嘯著離開學校，急速開到醫院……

父母哭哭啼啼的來到醫院……醫生告訴父母他們已經盡力了，但是她已經癱瘓了，她的後半輩子注定要躺在病床上了，生活不能自理，需要有人照顧……」李敏嚎啕大哭，哭得幾乎斷氣過去。

我喚醒李敏，讓她走出想像情景。待她哭夠，情緒穩定後，我問她對於剛才在想像中看見的情景有什麼感受。

「老師，我一直以為死是一件簡單的事情，死了就沒有痛苦了。想不到，其實死是一件非常麻煩的事。自己跳樓了，可能也會殃及無辜的生命，讓別人成為自己的殉葬品，這是害人的行為！自己死了，許多人會留下嚴重的心理創傷，會嚴重影響他們的人生，讓他們的生活沒有安寧，這是犯罪！學校會由於發生這樣的負面事件，聲譽受到嚴重的影響，也許這所學校從此會沒有好名聲，校長會被處分，老師無法安心工作，學生不願意到該校就讀，這是多麼可怕的後果！我就是死了，靈魂也不得安寧！這是破壞學校，是破壞教育！」李敏一副痛心疾首的模樣。

「嗯，如果妳跳樓後沒有死，其後果又會怎樣？」我追問。

「要是這樣，我將終身與病床為伍，癱瘓在床上，生不如死。我的父母不僅要為我支付高昂的醫療費，還要每天照料我的生活，我將成為他們的沉重負擔，讓他們一輩子處於痛苦之中，沒有正常的家庭生活，不能好好的工作。我不僅不能盡孝，反而是他們痛苦的來源！我還有什麼顏面活在世上？」李敏

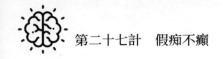

泣不成聲。

「嗯，妳還想用跳樓的方式來讓妳的同學變得優秀起來嗎？」我一字一句的問。

「我太傻了，好傻！同學們的成績上不去肯定有許多原因，我想和老師好好溝通一下，找一找問題的原因，然後找到解決問題的方法。我相信，只要對症下藥，同學們的成績肯定會好起來的，每個人都會在自己的人生旅途中找到自己的恰當位置，發出自己的光和熱的！」李敏的臉上終於有了陽光，不好意思的笑了。

著名教育家蔡元培先生說：「決定孩子一生的不是學業成績，而是人格修養。」這就是教育的真諦。

第二十八計　上屋抽梯

　　本計名出自一個典故。東漢末年，荊州刺史劉表的兒子劉琦因不容於繼母，恐遭陷害求救於諸葛亮。諸葛亮一再推託，不出一計。後來劉琦以住室樓上有一古籍請先生觀賞之名，把諸葛亮誘騙到樓上。在四壁皆空的樓上，面對劉琦跪地求計、小樓的樓梯已經被抽走的「無奈」情勢，諸葛亮教劉琦一計，終使劉琦離開繼母，脫離危險。後人就將此事件叫「上屋抽梯」。

　　上屋抽梯原意是上樓以後拿掉梯子，製造私密交流的空間；比喻製造假象，誘使敵人中圈套。在心理危機介入中，上屋抽梯引申為心理輔導教師從來訪者內心需求出發，創建良好的溝通氛圍，與來訪者敞開心扉，用心交流，從而化解危機。

▌新冠肺炎，疑心感染

　　二〇二〇年春節前後，一場突如其來的新型冠狀病毒疫情，打亂了人們的生活節奏。隨著疫情的發酵，全國各地迅速投入抗擊疫情的爭鬥中。各地緊急發表各種對抗疫情措施，除了收治確診患者和疑似患者，還隔離了所有與患者、疑似患者接觸過的人群；要求所有人自主在家對抗疫情，不聚會、不聚餐、不去人群密集的地方；人人講究衛生，勤洗手、出門戴口罩。企業未經批准不得復工，學校開學時間等待上級教育部門

發文通知，所有中小學學生在家參加教師組成的「空中課堂」學習。中小學生在家對抗疫情，過上了前所未有的疫情長假。天天宅在家，日復一日的單調生活，又接收鋪天蓋地的疫情資訊，使許多中小學生緊張不安、焦慮煩躁，擔心自己和家人患上新型冠狀病毒肺炎，寢食不安。

　　二○二○年二月十四日晚上十點十九分，我接到一個家長的求助電話，聲音急促，滿是焦慮。她說，她的兒子陳小熙（化名）是某學校高三的一名學生，學業成績中等偏上。疫情開始，小熙沒把此事放在心上，說小題大做，過幾天就好了。隨著疫情的蔓延，小熙日益關注疫情，收看各電視臺的疫情播報，上網搜尋疫情的各種資訊，像著了魔似的，已把假期學習計畫拋到九霄雲外了。隨著假期無限期延長，小熙寢食不安，老說病毒已經侵入家中，自己已經得病，全家人都被傳染了，要求到醫院隔離醫治。父母只好聯絡了醫生，醫生上門診斷，全家人身體健康，根本沒有傳染病毒。但是，兒子就是不相信醫生，鬧得不可開交。小熙媽媽懇求我，無論如何幫幫她，為她兒子安排一次心理輔導。

　　面對高焦慮者，如何疏導他的不良情緒，幫助他順利度過心理危機呢？

　　我覺得，上屋抽梯是化解陳小熙高焦慮的良方妙藥。在做好一系列防疫措施後，我見到了小熙。

第一招：以心交心，建立關係

小熙是一個高瘦男生，戴著一副近視眼鏡。他看上去眼睛紅腫，布滿血絲；臉色灰暗，有些粉刺；表情焦慮，忐忑不安。

「聽說你是心理專家？」小熙一落座就開始發話，不屑一顧的表情。

「不著急，先喝口水。」我微微一笑，雙手遞給他一杯水。

「我沒有毛病的，不需要你的幫助。」小熙一手接過水，不自覺的手抖了一下，差點把水灑了一地。

「嗯，你似乎遇到了什麼問題，是嗎？」我依然微微一笑。

「都是他們沒事找事！」小熙的眼光狠狠的從父母臉上掃過。

「嗯，你的意思是，讓爸爸媽媽出去，我們單獨聊，是嗎？」我看著小熙的眼睛。

「他們在這裡只會添亂。」小熙點了點頭。

於是，我客氣的請小熙的父母暫時離開，給我和小熙一個單獨交流的空間。

「我父母現在只會跟我講道理，嘮嘮叨叨，反反覆覆，煩死了。唉⋯⋯」小熙長嘆一口氣。

「你是說，父母不懂你？」我溫和的問。

「不懂裝懂，人云亦云，一天到晚就是讀書和考試。」小熙表情深沉。

「你需要深度的交流，能理解你，是嗎？」我點點頭。

「自古知音難求，沒有人懂我，心裡好苦。」小熙抬眼看了看我。

「少年也識愁滋味，誰能讀懂心中苦？」我表情凝重。

「你，你什麼意思？」小熙的眼神中有驚訝。

「和你一樣大的時候，我也很鬱悶，老覺得沒有人懂我，沒有人理解我，更沒有人知道我心中的痛苦。唉……」我也長嘆一聲。

「同是天涯淪落人，相逢何必曾相識。哈哈，我終於找到知音了。」小熙突然放聲大笑。

心理輔導教師，如果能夠與來訪者同頻共振，創建良好的溝通環境和氛圍，自然而然會獲得來訪者的認同，從而讓來訪者打開心扉，傾吐他的心聲。

第二招：解讀疫情，深度同理

「老師，我很擔心自己活不久了，也許就剩幾天了。」小熙表情憂傷。

「哦，你得了重病？」我關切的朝他探了探身體。

「我肯定得了新型冠狀病毒肺炎了，爸爸媽媽也被傳染了。」小熙看上去痛苦不堪。

「你，或者你父母與新型冠狀病毒患者有接觸？」我一臉嚴肅。

「沒有，自除夕開始，我們一家人沒有出過門，也沒有人到

過我家。」小熙認認真真的回答。

「這幾天，你們吃外送？」我又問。

「沒有，一日三餐都是媽媽做的。」小熙明確回答。

「既然如此，你是如何感染病毒的呢？」我的眼睛裡滿是疑惑。

「空氣傳播！專家不是說，空氣能夠傳播病毒嗎？人呼吸了有病毒的空氣就會得病，這是不容置疑的！」小熙振振有詞。

「哦，都是空氣傳播惹的禍。你的意思是說，你家被帶病毒的空氣汙染了？」我追問。

「是的！我家對面大樓的一家住戶被隔離了，現在還隔離在家！」小熙滿臉緊張。

「小熙，政府對於新型冠狀病毒患者採取了什麼措施，你知道嗎？」我表情放鬆。

「我知道，隔離。」小熙馬上回答。

「對，隔離。隔離有兩種：一種是隔離治療，一個人如果是新型冠狀病毒患者或者是新型冠狀病毒疑似患者，要被送到醫院隔離治療。另一種是居家隔離，隔離在家又分為兩種情況，其一是表示此住戶有人與來自疫區的人員有過接觸，其二是表示此住戶有人與新型冠狀病毒患者或者新型冠狀病毒疑似患者有過接觸。住家隔離是一種診斷疫病、阻止疫情擴散的措施。」我認認真真的解釋。

「起碼此住戶有人呼吸過帶病毒的空氣！他呼出的空氣肯定

也攜帶病毒！」小熙的聲音一下子提高了好幾分貝。

「專家說，病毒是透過飛沫或者接觸傳播，飛沫一般透過咳嗽、打噴嚏而傳遞；病毒在空氣中的傳播距離是有限的，一般是一公尺或者兩公尺，它從人體出來很快就沉降了，不會在空氣中飄浮，從這個意義講，空氣中不會有病毒。」我只能擺事實，講道理。

「原來如此，空氣中不會有病毒！我家距對面樓隔離住戶有五十多公尺，即使空氣中有病毒，也不可能汙染我家的空氣，嘿嘿。」小熙似笑非笑，看上去一副尷尬的樣子。

「你還擔心自己和父母得了新型冠狀病毒肺炎嗎？」我還是微微一笑。

「好像得病的可能性不大，是我得了疑心病。」小熙不好意思的撓撓頭。

「小熙，你現在一天內花在疫情上的時間有多少？」我看著他的眼睛。

「嗯，起碼五小時。」小熙臉上有點放光。

「花的時間好多。你關心的主要內容是什麼？」我追問。

「我幾乎每時每刻都在關心確診病人、疑似病人、死亡人數的變化，武漢的、湖北的、本國的、世界的，我都想了解得清清楚楚。我們地區的疫情動態也要做到心中有數。」小熙一臉興奮。

「關心疫情動態，沒錯。可是，你一天到晚沉溺在疫情中、

接收數以萬計的資訊，你能去粗取精、專業了解疫情嗎？你總擔心自己和家人都患上疫病並且痛苦不堪是什麼原因造成的？」我當頭棒喝。

「嗯，我接收資訊過度了，是太焦慮了。如果我能夠靜下心來，用積極的心態看待疫情，堅信眾志成城一定能夠戰勝病魔，可能就不會發生這樣讓大家都不開心的事情了，都是自己惹的禍！」小熙一臉慚愧。

「接下去的日子，你會怎麼辦？」我繼續追問。

「每天花十分鐘左右時間了解疫情動態，其他時間安下心來念書。」小熙舉起右手，做出發誓的樣子。

科學的解讀疫情能夠消除來訪者的錯誤認知，深度同理能夠打破來訪者心理防禦機制，從而產生「自家人效應」，有效化解來訪者由於恐懼產生的心理危機。

第三招：追根溯源，化解焦慮

「老師，我現在總覺得心慌慌，好像有不好的事情會發生，到底是怎麼一回事？」小熙臉上烏雲密布。

「心慌慌？有什麼具體表現？」我馬上表達關切。

「就是吃飯沒有味道，晚上睡覺半夜驚醒，然後就睡不著；想好好看書寫作業，可是，心就是靜不下來，拿起書就頭疼。不看書學習，又覺得對不起父母，心裡很難受，也不是滋味。要高中入學考了，唉……」小熙一聲長嘆。

「你學業成績如何，屬於什麼程度？」我微笑著問。

「中等偏上，班級排名十餘名，可能考上理想高中，也可能考不上。」小熙一臉苦笑。

「父母的期望是什麼？」我又笑了笑。

「父母當然期望我考上理想高中！他們現在天天嘮叨，要我好好念書，抓緊時間，向優秀的同學看齊，奮起直追，爭取在最短的時間裡提高成績，考上好的高中，讓他們驕傲一回。唉，壓力超大！」小熙一臉苦相。

「你自己有什麼打算？」我看著他的眼睛。

「其實我一直在努力，發揮自己的優勢，彌補自己的不足。雖然沒有十分的信心，但是八分的堅定是有的。我的確為考上理想高中在奮發圖強！」小熙的眼睛裡有一種堅毅的神情。

「好，有信心，有拚勁，又有方法，成功指日可待！」我大聲鼓勵。

「可是，爸爸媽媽就是不相信我，老說我不努力，成績不好，把我打擊得一塌糊塗。唉……」小熙又是一聲長嘆。

「嗯，你現在是有點考前焦慮，沒什麼，這是正常的情緒，是你對預期結果的擔憂。焦慮的主要來源是父母，對嗎？」我又笑了笑。

「是的，主要是父母否定我，看不到我的努力和進步。沒有父母的肯定和鼓勵，我心裡好難受，很委屈。」小熙有點無可奈何。

「所以，爸爸媽媽一談到念書，你就生氣了，是嗎？」我一針見血。

「當然，我又不是三歲小孩，反反覆覆說同樣的幾句話有什麼意思？太沒水準了！」小熙一臉不屑。

「哦，你覺得與爸爸媽媽對抗，頂嘴、吵架、賭氣、動手動腳，就是有水準的表現？」我針鋒相對。

「嗯，是有點粗魯，也是沒水準的表現。」小熙低下頭。

「我有一個解決方案，我把你的心理壓力和你父母談一談，希望他們理解你。另外，你與父母做個溝通，把你的煩惱與父母說一說，並且告訴他們你的人生目標和努力方向，讓他們懂你、肯定你、支持你，好嗎？」我誠心誠意。

「好，這是一個好方法。謝謝老師，我會和爸爸媽媽好好交流的。」小熙一臉陽光。

原來，小熙的「不正常」，是由其父母的高焦慮所引起的；父母的高期望及其嘮叨式的管教方式導致了小熙的考前高度焦慮。如果父母能夠看到小熙的優點，並且及時予以肯定和鼓勵；如果在小熙遇到挫折時，父母不批評、不責備，而是與他一起坦然面對；如果在小熙情緒低落時，父母能夠理解他、安慰他、陪伴他，那麼，也許小熙就能夠學會用積極的心態面對類似疫情這樣的突發事件，信心堅定，意志堅強，不屈不撓，昂首前行。

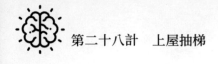

第二十九計　樹上開花

本計名來自古時一些戰例。三國時期，張飛在當陽橋以三十餘名騎兵，嚇退曹操追擊劉備的數萬大軍；戰國時，田單大擺火牛陣，擊潰燕軍；南朝宋文帝時，擅道濟用唱籌量沙的計策，假裝軍糧充足，騙過北魏大軍，終於安全突圍。後人把這類計謀的共同特點加以概括，就叫作樹上開花。

樹上開花原意是指樹本來沒有開出花朵，但是可以人為的使花開在其上；比喻借局布勢，出奇制勝。在心理危機介入中，樹上開花引申為心理輔導教師創設適當的輔導情景，在團體動力的促發下，因勢利導，將不利因素轉化為來訪者前進的力量，轉危為安。

▍災難創傷，如何療癒

人的一生總會遇到各式各樣的緊急事件，面臨這種緊急事件，一旦自己不能處理時，則會發生嚴重心理失衡，這種失衡狀態便稱為危機。危機可能會造成危險，也可能變成一種機遇。如果危機過分嚴重，威脅到一個人的生活或家庭，個體可能採用不恰當的方法應對或解決問題，從而導致心理社會功能的下降，並出現自殺或精神崩潰，這就是危險。如果在危機狀況下，個體成功的掌握危機情景或及時得到適當有效的治療性

干預或幫助，個體可能學會新的應對技能，不但重新得到了心理平衡，還獲得了心理上的進一步成熟和發展，這就是機遇。

「危機干預的最低治療目標是在心理上幫助當事人度過危機，使其功能水準至少恢復到危機前水準。最高目標是提高當事人的心理平衡能力，使其高於危機前的平衡狀態」。危機干預工作人員的主要作用在於啟發、引導、促進和鼓勵，而不是提供現成的公式。進一步講，危機干預工作人員的職能是：第一，幫助當事人正視危機。第二，幫助當事人正視可能應對和處理的方式。第三，幫助當事人獲得新的資訊和知識。第四，可能的話，在日常生活中提供必要幫助。第五，幫助當事人迴避一些緊迫性境遇。第六，督促當事人接受幫助和治療。

一天，某高中相鄰工地的防護鋼架被大風颳倒，砸塌了該高中兩公尺高的圍牆，高一某班七名女生被埋在磚頭下。經各方緊急搶救，有五名女生倖免於難，而有兩名女生卻永遠的離開了這個世界。這次突發危機事件給該班學生很大的衝擊，學生陸續出現很多情緒和行為反應：震驚、悲傷、憤怒、自責、焦慮、恐慌、孤獨、麻木等。

作為心理輔導教師，我對該班十名女生和十五名男生進行了兩場小組輔導，發現學生中主要有以下心理問題：第一，事件發生後，許多學生根本不相信這個事實，不敢直接面對。第二，覺得事情來得太突然，承受不了這種打擊。第三，腦海中不斷出現搶救現場，眼睜睜看見同學被埋在磚塊下感到恐怖。

第四，老是看見死者被抱出來後翻白的眼睛。第五，吃飯時看見白色的米飯，就想到殯儀館告別廳裡死者蒼白的臉色。第六，晚上睡覺難以入眠，一躺下就「看見」兩名死者。第七，上課難以靜下心來，心裡空蕩蕩的，無法靜心學習。第八，與兩名死者平時往來的情景不斷出現，對她們有愧疚，總覺得有對不起她們的地方。第九，很想哭，但是哭不出來，非常難受。第十，怕獨處，覺得有鬼，恐懼不安。

學生迫切需要進一步的輔導，以釋放壓抑、焦慮、緊張、不安、恐懼的情緒，以便靜下心來繼續學習。什麼策略會有效？

《三十六計》的第二十九計樹上開花是解決當時學生心理危機的有效策略。

我利用該校團體心理輔導室，把它布置成一個悼念室，為兩個假人模特兒各穿上死者平時穿過的衣服，橫躺在桌子上，擺放在輔導室的正中央。在哀樂聲中，我讓學生一個接一個的緩步走進輔導室，分兩圈，圍著模特兒席地而坐。

第一招：引言導入，面對痛苦

我以沉痛的表情說：一月六日下午兩點二十分左右，對我們學校來說，是一個不幸的時刻；對我們班來說，更是一個災難性時光。學校隔壁工地的防護鋼架在大風中轟然倒塌，一下子砸向了學校兩公尺高的圍牆，就在圍牆倒塌的一瞬間，我

們班七名女同學正從圍牆下面經過，突然發生的意外事故把我們的七名同學砸倒在磚頭之下……有五名同學經醫院搶救脫離了生命危險，但李夢倩、嚴佳敏兩位同學經搶救無效，永遠的離開了我們……這兩名同學的離開，對我們產生了很大的影響……今天，我們聚集在一起懷念這兩名同學，把自己心中想說的話告訴她們，以告慰她們在天之靈。（我用右手指了指兩位假人模特兒）現在，兩位同學就躺在這裡，讓我們敞開自己的心扉，把自己想對她們說的心裡話說出來吧……

（許多學生把頭埋在膝蓋上，泣聲一片。）

第二招：真情告白，合理宣洩

請學生自由發言，說出心裡的感受，引發當事人的悲傷反應。

學生甲：佳敏同學，感謝妳經常借書給我，妳是一個外向、善良的女孩，妳的笑將永遠留在我心中，希望下輩子我們還是好朋友。

學生乙：夢倩，那天妳向我借《高老頭》，當時在另一個同學手裡，我沒有借給妳，我好後悔。昨天晚上我已經把它燒給妳了，妳帶走吧！如果有下輩子，來世我們還成為朋友，願妳們純潔的靈魂化為天使聖潔的翅膀，永遠的快樂幸福！

學生丙：如果有下輩子，我們還當同學，還當好朋友，好嗎？我們曾在一起吃飯、念書，是那麼的開心，真的好懷念妳

們，現在我真誠的希望妳們在天國也能過得開心、快樂。

學生丁：同學是人生路上必不可少的夥伴，妳們倆讓我知道了朋友是可貴的，失去了就不可挽回，我會珍惜眼前的朋友。我在妳們出事的地方走過，好像我踩在了妳們的身上，如果弄痛了，對不起。上課了，教室大了，人少了，心裡空虛了，班長喊起立，站起來更加空虛，我不能好好念書，對不起。

學生戊：夢倩，我不該為那麼一點小事情和妳吵嘴，對不起！希望妳下輩子能有更多的朋友，並且希望妳能開開心心的。

學生己：佳敏、夢倩，妳們是那樣的活潑、善良、天真，帶給了我許多美好的回憶。有人說，人死後變成星星，我希望妳們能發出閃爍的光芒，快樂的生活。無論妳們在哪裡，我都希望妳們能快樂。

學生庚：佳敏，我雖然有時不可理喻，但我永遠記得妳。夢倩，內向的妳和外向的我，希望在來世能成為好朋友。妳們都會是天使！

學生申：雖然妳們離我們而去，但妳們的樂於助人、寬廣胸懷將永遠影響我們，妳們的夢想就是我們的夢想，我們會努力完成妳們未實現的夢想。

……

五十二位同學在一片哭泣聲中表達了對死者的思念和告慰，情真意切，無不令在座者動容。

第三招：默哀鞠躬，放飛懷念

我請全體學生站起來，向死者模特兒默哀三分鐘。然後，我請助手向學生們發放紙和筆，請他們把最想說的話寫在紙上。

學生們依次來到死者模特兒前，向死者三次鞠躬進行最後的告別，然後把心靈寄語折疊成紙飛機放飛，放飛懷念。

我請幾個學生把模特兒搬出輔導室，並且引導他們搓搓手，洗洗臉，揮揮雙臂，揮揮衣服，跳出悲傷角色，告別儀式結束。

第四招：冥想引領，振奮精神

我請全體學生站好，輕輕的閉上眼睛，慢慢的深呼吸進行放鬆，然後在舒緩的輕音樂中，跟隨我的指導語，進行想像。

「你現在來到一片鮮花盛開的草原，遠遠的看到一群人，走近了，走近了，你看到其中有李夢倩和嚴佳敏。李夢倩和嚴佳敏依然是那麼的鮮活，在對你微笑，她們倆的眼神彷彿在對你說著什麼，你是不是也有話想對她們倆說？請告訴她們倆，你愛她們，祝她們一路好走……我們要轉身離開了，眼前出現了一條平坦的大道，這大道是如此的長，無邊無際……太陽升起來了，暖洋洋的灑在樹上、草地上，也籠罩在你的身上，你感到溫暖起來，全身的鮮血沸騰起來，你感到一種新的力量在召喚著你，激勵著你……漸漸的，你發現越來越多的人走在你的身邊，他們是你的親人，你的同學，你的朋友，你的老師……

小鳥在歌唱，鮮花在綻放，你在親人、同學、朋友和老師的簇擁下，昂首挺胸……」

第五招：攜手前進，擁抱明天

歡快的輕音樂驟然響起，我請學生們手拉手，圍成一大圈，手上用力，讓身邊的同學感受到自己的力量，然後對身邊同學說一句鼓勵的話。

學生們互相擊掌，握手，擁抱，互贈祝福，互相支持和鼓勵。

我表情輕鬆，充滿熱情：同學們，今天我們聚集在一起，緬懷兩名同學，但更重要的是，我們要接受現實，面對生活。死者去矣，活著的人要好好的活下去，用我們的活力、熱情擁抱美好的明天！發奮學習，快快樂樂的相處，把我們的班級做好，以告慰她們在天之靈！我最後送給同學們八個字 —— 平安、健康、快樂、幸福！

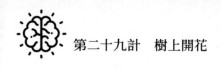

第三十計　反客為主

　　本計名出自何典，說法不一。從現有資料看，大體有三種可資參考。其一，據《李衛公問對》載：「臣較量主客之勢，則有變客為主、變主為客之術。」其二，杜牧注《孫子兵法》載：「我為主，敵為客，則斷其糧道，守其歸路。若我為客，敵為主，則攻其君主。」其三，《三國演義》第七十一回，法正對黃忠說：「夏侯淵為人輕躁，恃勇少謀，可激勵士卒，拔寨前進，步步為營，誘淵來戰而擒之：引乃『反客為主』之法。」

　　反客為主意思是客人反過來成為主人，比喻變被動為主動。在心理危機介入中，反客為主引申為「客人」在一定的場合下採取主動措施，以主角的姿態和行為化解危機。

▋乖乖聽話，如何作為

　　打開網路，輸入關鍵字「孩子不聽話如何教育」，查找結果驚人，竟然大約有五百八十七萬個！聽話教育竟然是華人教育的核心，可以說已成為「聽話哲學」。並且，「聽話哲學」深入無數華人內心，家長誇孩子時，「聽話」和「乖」這兩個詞簡直是不可避免。「聽話哲學」，有不合理之處：一直被要求聽話的孩子，他的精神生命正逐漸被扼殺；「聽話哲學」，也有其合理之處：若孩子不聽話，很多家長就會覺得自己這輩子完了。

　　二○一四年，四川廣元發生過一場悲劇，一位媽媽將十六歲的就讀高中的兒子從網咖拉到江邊，對孩子說「你上網我管不好你了，那我就去死」。隨即，她跳入嘉陵江。接著，爸爸趕過來，踢打孩子，他覺得孩子該為妻子的死負責。可在這個時候將媽媽的死怪罪到本已內疚至極的孩子身上，是極其不應該的，這會造成孩子的不能承受之重。果然，孩子隨即也跳入嘉陵江，和媽媽一起溺死。悲痛到極點的父親也要自殺，所幸被攔住。

　　這個家庭慘劇的直接邏輯是：兒子違背媽媽意志上網，讓媽媽崩潰了，她的自殺，並非脅迫，而是反映了她真的就是這麼痛苦。可更深一層的邏輯是：兒子之所以違背媽媽意志上網，其中一個重要原因，是為了逃離媽媽對他的控制，而在網路中尋找一個他的意志說了算的空間。

　　孟強（化名）是一名高中生。他很小的時候，父親因為重病而去世，是母親把他一手拉拔長大。母親沒有上過大學，上大學一直是她的心病。於是，她把上知名大學的所有期望都寄託在兒子身上。「把兒子培養成人才」就成了這個女人畢生的夢想。然而，究竟「何為人才」，對於這個女人來說，也是非常模糊的，於是，事情的發展就變得非常無序了，完全任由這個女人想像。

　　在孟母心裡，孟強存在的意義並不是「自己的孩子」，而是「優秀的人才」，所以，「孩子」這個概念始終被她忽略，一旦孟

強有什麼地方讓她感覺「不優秀」，她就馬上變臉，各種粗暴、各種教訓。只要孟強沒有考到第一名，回來就是一頓暴打，各種羞辱、各種責罵。「靠傷害來促進進步」是孟母一貫的原則，她竟然到今天為止，也沒有發現這裡面的荒謬。

除此之外，孟母對兒子的一切都是漠不關心的，包括身體健康、個人想法、人生追求、個人幸福……這一切似乎都和孟母絕緣。甚至，她痛恨孟強的一個原因是「這孩子怎麼這麼麻煩啊……」她所謂的「麻煩」，其實就是關於這個孩子的「一切」，一切需要她插手的事情，她都視為麻煩；帶孩子看病、了解孩子的想法、為孩子做任何與學習無關的事情，她都視為「麻煩」。只要孩子的事情與「念書」有關，她就來勁。

面對孟強母子間的不良關係，反客為主不失為化解危機的好計策。

第一招：換位思考，理解母親

「說說你的媽媽，好嗎？」我遞上一杯水。

「媽媽這輩子不容易，爸爸去世早，媽媽一把屎一把尿把我帶大，她的辛苦付出只有我清楚，唉。」孟強眼睛裡有了淚花。

「媽媽對你有什麼期望嗎？」我平靜的問。

「當然有，她的唯一期望是我能夠考上城裡的知名大學，彌補當年她沒有考上大學的遺憾！媽媽對我管得可嚴格了，每次考試我必須考第一，考第二也不行，不是罵就是打，我是在打

罵中長大的。其實，我活得好苦、好累！我是為了媽媽活著，為了媽媽而學習！我就是媽媽養的一隻小狗，根本不是人！」孟強突然大哭起來。

「除了學習，媽媽關心你其他事情嗎？」等孟強心情略為平靜，我繼續問。

「沒有，媽媽只關心學業，我做與學習無關的事情，她都會干涉、阻撓。」孟強說。

「可以舉個例子嗎？」我追問。

「我身高手長，籃球打得不錯。體育老師看中了我，把我選進了籃球校隊。這事被媽媽知道後，她馬上趕到學校，大罵體育老師，說讓我打籃球就是害了我，就是毀滅了國家的棟梁，是殺人凶手，還要撲過去咬老師，唉，簡直是母狼，好丟臉！」孟強一臉的尷尬和無奈。

「你覺得媽媽這樣做傷害了你，是嗎？」我繼續追問。

「嗯，她太過分了。不過，有時候想一想，媽媽這樣做也是情有可原。我是她唯一的希望，萬一我考不上城裡的知名大學，她這輩子就活得沒有價值和意義了。」孟強苦笑了一下。

父母為什麼要求子女聽話？主要是父母對於子女的種種擔心，怕子女不能按照他們的設計走一條光明的人生之路。於是，父母採用了一種母雞帶小雞的方式，控制、干預子女的思想、情感與行為，並且沉迷於這種子女徹底順從的、自以為愛孩子的病態關係中，陶醉於一種無所不能的自我核心感覺裡。

一旦子女突然不聽話，父母的這份無所不能感就被顛覆了，自我也破碎了，這都會讓她或他有心碎的死亡感。她或他用各種極端手段控制子女，不惜你死我活，就是為了恢復她或他發號施令而子女聽話的病態關係，好讓這個病態自我重新復活。

第二招：舉止尊重，行為適當

「對於媽媽的各種你所不喜歡的言行，一般情況下，你有什麼舉動？」我看著他的眼睛。

「其實我心裡挺不喜歡媽媽的，甚至恨媽媽。我覺得這個世界對我很不公平，我五歲的時候，爸爸就離我而去，讓我自幼就失去父愛，我好羨慕同學，他們的父母俱在，可以享受家庭的溫暖。而我，不但沒有父愛，還要每天面對一個瘋子一樣的媽媽，一個沒有一點溫情的媽媽，我常有死了算了的想法。但我如果真的死了，爸爸肯定不會原諒我，他肯定希望我能夠活個樣子出來，為孟家爭口氣。我只能忍耐，忍耐媽媽的一切。唉……」孟強長長的嘆了口氣。

「你就沒有反抗過？」我持續追問。

「有，當然有過。我會頂嘴，與媽媽講道理；也會賭氣，不理睬媽媽。但是媽媽除了打罵之外，還會一哭二鬧三上吊，把我幾乎逼瘋。沒有辦法，我只好認輸，什麼事情都聽她的。」孟強的臉部肌肉抽搐著。

「其實，你是表面認輸，內心對抗。」我一針見血。

233

「是的，我內心的確一點都不尊重她。」孟強坦率的說。

「如果你內心尊重她，行為適當，你媽媽會怎麼樣？」我啟發他。

「會怎樣？我想媽媽也許不會那麼過分，畢竟她是愛我的。」孟強低頭思考。

「你的意思是說，媽媽的有些過分的做法與你的態度和行為舉止不適當有關？」我再次追問。

「是的，她一直認為別人都與她過不去、針對她。她絕對不允許我對她不敬，我必須聽她的話，服從她。」孟強認真回答。

美國心理學家科胡特發明了「不含敵意的堅決」一詞，他是在講父母如何拒絕孩子的不合理要求，也包括孩子想與父母共生的動力，其意思是，父母堅決的拒絕孩子，但並無敵意。具體來講，父母不會說，你是錯的；也不會說，不要你了；更不會說，恨不得殺了你！

想脫離「聽話哲學」的子女，也可用此策略應對父母：我不聽話，並不意味著我恨你；也不意味著我不愛你；只是，我是我，你是你。一方面堅決的對父母的意志說不，另一方面對父母傳遞愛意。在尊重父母的前提下，有自己獨立的思想與情感，同時，不以強烈的、粗魯的、過分的行為激怒父母、反抗父母，甚至報復父母。但這個策略，大概只有很成熟的大孩子才能做到，對十幾歲的青少年，這要求太高。所以，若想真正消除病態共生帶來的家庭悲劇，父母必須覺醒。

第三招：有勇有謀，常秀「肌肉」

「請舉個例子，說說你是如何讓媽媽答應你的要求的，好嗎？」我鼓勵孟強。

「有一年學校舉行元旦文藝晚會，我唱歌不錯，很想上臺表演。我知道，如果不經過媽媽的同意去表演，媽媽知道後肯定會大發雷霆。一個星期六，我做好一頓豐盛的晚餐等媽媽下班，還買了一個漂亮的小禮物送給她，並感謝她對我這麼多年的養育和照顧。媽媽非常感動，抱著我哭了。後來，我向媽媽提出參加元旦晚會的要求並且說明這次晚會對我的重要性。媽媽就爽快的答應了，哈哈。」

「嗯，有勇有謀，有情有義。」我豎起大拇指。

「我家的房子比較破舊，老出各式各樣的麻煩，把媽媽搞得焦頭爛額。媽媽一直在考慮換個房子，她問我的意見。我就整體經濟狀況、房價走勢、社區的品質、自家經濟的承受能力各方面做了具體的分析，並對房子的地段、大小、社區等提出具體的意見。媽媽聽了非常高興，誇我有頭腦、有眼光、會生活，的確是優秀人才，不辜負她辛辛苦苦的培養。」孟強揚揚自得，好不快活。

作為一個有責任、有擔當的子女，在爭取獨立地位的過程中，既要看到父母的愛、焦慮與擔心，也要勇於分擔家庭生活中的日常事務。面對社會問題與家庭生活中的事務要表現出自己的成熟與獨立，大膽發表自己的獨立見解，讓父母對你刮目

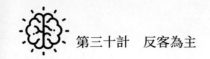

相看，適應你的想法、情感與行為，看到你在家庭生活中的作用，為你騰出位置，讓你成為有話語權、有行動權的「主人」。

第三十一計　美人計

　　此計出自《韓非子·內儲說下》：「遺人……女樂二人，以榮其意而亂其政。」說的是西元前六五八年，晉獻公為滅虞國和虢國，先送虞公一批良馬和美玉及美女兩名。虞公貪婪，同意借道給晉國去攻打虢國。晉國滅掉虢國，回師途中，輕而易舉的滅掉虞國，俘虜了虞公。「假道伐虢」是三十六計的第二十四計，但是這一計是在美人計的成功基礎上實施的。《六韜·文伐》中說，對於直接用武力不能征服的敵國，應「養其亂臣以迷之，進美女淫聲以惑之……」說的就是美人計。

　　美人計就是以美女誘人的計策，用漂亮的女子來誘惑敵方的首領或主要將領，讓他們倒在溫柔鄉中；比喻利用人性弱點，想方設法磨滅敵人鬥志，從而擊敗之。在心理危機介入中，美人計引申為心理輔導教師從人性出發，在合法、合理、合情的範圍內，投其所好，滿足來訪者的心理需求，對症下藥，以化解危機。

▍萎靡不振，也活下去

　　憂鬱是一種情緒障礙，以情緒低落為主要特徵，表現為悶悶不樂或悲痛欲絕，持續時間至少兩週。另外，憂鬱者對日常生活喪失興趣，無愉快感；精力明顯減退，無原因的持續疲乏

感；自信心削弱或自卑，或有內疚感；失眠、早醒或睡眠過多；食欲不振，體重明顯下降；有自殺或者自殺的想法或行為；注意力集中困難等。憂鬱心境在一天中有較大波動，常以早上最重，然後逐漸減輕，到晚上最輕。

有一天，高中生吳勇（化名）來到我的工作室。他走路緩慢，步伐很小，一副弱不禁風的樣子。他一臉疲憊，說話有氣無力。在沙發上落座後，他就閉上雙眼，一副愛理不理的樣子。

「昨晚沒有睡好嗎？」我故意問。

「嗯。」他吐出一個字來。

「好像有點萎靡不振，煩躁？」我刺激他一下。

「煩躁？鬼才煩躁。」他不屑的說。

「哦，是提不起精神。」我故作恍然大悟。

「算你懂點事理。」他白了我一眼。

「要不我們話個家常？」我笑了笑，雙手遞給他一杯水。

「沒有什麼好說的。我是孤魂野鬼，早已死人一個。」他喝了口水，長長的嘆了口氣。

「恭喜你！」我大聲說。

「我都要死了，你還挖苦我！」他爆了粗口。

「我恭喜你是有理由的。」我淡淡一笑。「其一，你好好的坐在這裡，說明你還活著。其二，你說自己是孤魂野鬼，說明你意識到自身問題的嚴重性，想改變目前的困境。其三，你對這個世界還有留戀，沒有自殺！」我真誠的說。

「留戀？我留戀什麼？」他的眼睛裡似乎有點淚光。

「是啊，你留戀的是吃的、喝的、穿的、玩的，還是感情、金錢或者是你想得到但沒有得到的東西？」我看著他的眼睛，眼神堅定而不游離。

「想吃的，都吃了；想喝的，都喝了；想穿的名牌，都有了；想玩的，已經索然無味了。鈔票一直不缺，多了也沒有什麼意思。什麼東西沒有得到過？」他陷入思考，低下頭。

過了好一會，他抬起頭，眼睛裡有了亮亮的淚花，「有，沒有得到過女生的感情，我還沒有好好談過一場戀愛，不知道愛是什麼滋味，不知道，不知道。」

終於找到切入點了，哈哈。

吳勇已經二十歲，他感到情感空虛，他最想得到的是女生的真情實感，希望好好談一場有情有義的戀愛。也許，燃起他的愛情之火，讓他感受到人間的美好情感有助於他的生命力回歸，促使他好好活下去，好好做人。於是，我用「美人計」幫助吳勇。

第一招：看意象，懂自己

要用好美人計，首先要讓吳勇明確自己喜歡什麼樣的女生。於是，我請吳勇在長沙發上躺下來，深呼吸，放鬆身體，靜下心來，閉上雙眼開始想像。在我的引導語的作用之下，吳勇看到了一個意象：一個頭像貓、身體像獅子的動物。吳勇說

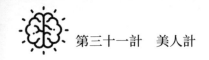

他很喜歡這個動物，看到她，心怦怦跳，這就是他要找的女友。

原來，吳勇要找的女友是既要有貓的靈性又要像獅子一樣能幹的「御姐」。貓，白天慵懶，黏著主人；晚上活靈活現，魅力四射；傳說，貓還有九條命，生命力特別旺盛。獅子是百獸之王，富有能量，特別能幹。

第二招：學技巧，會交往

要談一場成功的戀愛，除了找對人，自己要全心投入，還要具備高情商，具體來說，就是要會交往，讓對方心動、情動和行動，能夠投桃報李，心有靈犀一點通。

吳勇從來沒有好好談過戀愛，也沒有戀愛經驗。在我的指導語的作用下，吳勇懷著極大的興趣學習如何接近貓頭獅身動物，如何與牠說話，如何向牠示好，如何送牠禮物，如何尊重牠，如何呵護牠，如何與牠有身體接觸，如何表白感情等。

意象活動結束，吳勇一臉興奮，喜笑顏開，連聲說，「有趣，太有意思了！」與剛來時相比較，簡直判若兩人。

第三招：有約定，促成長

為了鞏固輔導成果，讓吳勇能夠自助成長，有勇氣、有毅力、有恆心堅持與憂鬱抗爭，我與吳勇做了四點約定。

1. 堅持每天做一次想像，讓心愛的女生的印象越來越清晰，銘刻在心。除了教會他方法，我還告訴他注意事項。

2. 每天打理好自己，讓自己光彩照人。不要過度打擾喜歡的女生，要用魅力吸引人；不要向喜歡的女生急於表白，愛情需要耐心等待，水到渠成。

3. 到學校要好好用功，盡可能提高學業成績，讓別人欣賞他。

4. 多多與人友善交流，結交幾個能夠推心置腹的朋友；心情不好時，能夠與好友傾訴。

吳勇滿口答應，並且調皮的伸出右手的大拇指和小指與我做「打勾勾」的蓋印遊戲。

第四招：找資源，有支持

為了幫助吳勇有勇氣、有恆心、有毅力的戰勝憂鬱，我約見了他的父母和班導師，就吳勇的問題與他們展開坦誠的溝通與交流，就幫助吳勇重新鼓起生活的勇氣、重新找到生命的樂趣進行深入的討論。

與吳勇父母約定以下三項。

1. 對於吳勇的行為表現不打罵、不訓斥、不講大道理，盡量理解。

2. 每天找到吳勇的兩個具體的優點，並且真誠鼓勵。

3. 參與吳勇感興趣的活動，譬如與他一起打籃球，分享他的快樂。

與班導師約定以下三項。

1. 與吳勇同班同學事先做個溝通，允許吳勇有一些與其他同

學不一般的「特權」，例如課外更多的「話語權」。

2. 要求同學們不歧視吳勇，給予他更多的溫暖，一旦吳勇有事求助，盡可能幫助他。

3. 要求同班女同學與吳勇互動要做到舉止得體，有禮有節，不要用負面的言語和行為刺激他。

對於憂鬱者，我們要為他創設一種溫馨又和諧的心理氛圍，經常以新鮮而帶有積極意義的語言溫暖他，不斷增強其戰勝疾病的信心、勇氣和意志，讓他不斷體驗到人世間的溫情、生活的美好和生命的價值與意義。

第三十二計　空城計

　　本計名見於《三國志‧蜀志‧諸葛亮傳》：諸葛亮率領萬名將士留守陽平，司馬懿率領二十萬大軍前來攻打。諸葛亮深知已無援軍能夠前來救援，但他從容不迫，命令軍士偃旗息鼓，不准隨便出帳營；又令人打開城門，叫幾個老人在街道上打掃。司馬懿知道諸葛亮向來十分謹慎穩重，此時見城中毫無聲響，疑有伏兵，便帶領大軍離開陽平。後來，司馬懿知道諸葛亮擺的是空城計，後悔不已。

　　空城計原意是指在敵眾我寡的情況下，缺乏兵備而故意以不設兵備向人示意，造成敵方錯覺，從而驚退敵軍之事；後泛指虛張聲勢、迷惑對方的策略。在心理危機介入中，面對難以確定的心理問題，空城計引申為心理輔導教師以退為進，一退再退，反覆試「水溫」，找到來訪者問題的癥結，對症下藥。

▌戀母情結，病發身體

　　孩子的一生是從母體分離開始，由一元世界到二元世界，再到三元世界，繼而面向社會，逐漸走向獨立的過程。都說母子連心，懷胎十月，胎兒在母親的子宮獲得營養和安全感，他和母親合為一體。母親的分娩讓嬰兒來到這個陌生的世界，嬰兒第一眼見到的是母親，為自己提供乳汁，與自己親密互動

的也是母親。作為一個弱小的生命，他必須傾盡全力的依戀媽媽。隨著嬰兒自我意識的發展，嬰兒意識到還有一個「我」。但是，對母親的渴望依然非常強烈，「霸道」的認為，媽媽只屬於他一個人，此時的家庭關係進入二元世界。父親雖然出現在孩子的生活中，但只是個背景。三歲以後，孩子發現或意識到，家裡除了媽媽，還有一個爸爸。媽媽不屬於他一個人，還屬於另一個比自己更有力量、更權威的男人，此時的家庭關係進入三元世界。孩子不得不面對強大的爸爸，爭奪媽媽，要贏回媽媽全部的愛。這就是戀母情結。

　　戀母情結是指人的一種心理傾向，喜歡和母親在一起的感覺。戀母情結並非愛情，而大多產生於對母親的一種欣賞敬仰，無論到多大年紀，在心理上與母親還沒有「斷乳」的生活狀態。在兒童幼年時，小男孩渴望得到母親全部的愛，把父親排除在外，或與父親競爭母親的愛。這種情形在生活中有時可以明顯觀察到。比如，有的小男孩會跑到父母中間把父母分開，或者對媽媽說：「媽媽，妳只愛我一個人好嗎？」這對三至四歲或六至七歲的孩子來說，只是一種兒童式的無意識幻想，因此它是一種正常的心理狀態。如果父母能夠給予合適的回應，孩子就能夠順利的度過這一時期，到了青春期就會喜歡同齡的異性，為將來的戀愛結婚打下健康的基礎。如果在這一心理發育期，父母的回應是失敗甚至是傷害性的，這種情結就無法完成，兒童的戀母情結就會受阻，停滯在某一個階段，到了該戀

愛結婚的年齡，被這種情結所困而無法建立親密關係，如現在的恐婚症、超齡未婚、離婚上癮的人，其中很多人就是因為戀母情結在產生作用。

李柔（化名）是一名國一男生，看上去個子較高，身材偏瘦；說起話來，聲音輕柔，有點靦腆。父親工作很忙，常常不在家，在家也很少陪伴他。媽媽是一個小學老師，生活上對他精心照顧，吃魚時會把魚刺都事先剔除，更不用他做一丁點家務，對他的唯一要求就是好好念書；李柔讀小學，媽媽就當了他六年的班導師；父親出差在外，李柔就會和媽媽同睡一張床，並且要抱著媽媽睡。李柔要讀國中了，父母考慮再三，把他送到外地一所寄宿制學校就讀。去該校就讀的第一週，李柔愉快前往。第二週回校時，李柔就一臉愁容，拖拖拉拉，一副不情願回校的樣子。第三週回校時，李柔一坐上車就說身體不舒服，但父母堅持送他回校。車子一到校門口，李柔死活不肯下車，直喊肚子痛，並且頭冒冷汗。父母被嚇壞了，趕忙送他到醫院就醫，做了各種檢查、化驗，結果是身體沒有任何毛病。接下來幾週，類似的事件都會發生。父母無可奈何，帶他跑了幾個城市的大醫院，看的都是專家醫生，醫生診斷結果完全一樣——身體健康！

我與李柔溝通後的初步判斷是，他的心理年齡低於生理年齡，心理上還沒有「斷乳」，有戀母情結。如何輔導李柔？

我用空城計作為輔導策略，幫助李柔。

第一招：退避三舍，讓其傾訴

「你肚子痛，是真的身體有毛病嗎？」我「打出第一槍」。

「我，我也不知道，就是，就是覺得很難受。」李柔支支吾吾。

「你不想去學校讀書，有原因吧？」我退了一步。

「學校是我喜歡的，老師也喜歡，同學也喜歡。」李柔認真回答。

「嗯，是家裡的一些事情讓你擔心？」我又退了一步。

「嗯，好像是這個原因，我在學校總覺得有不好的事情要發生。」李柔點了點頭。

「和我說說你的媽媽，可以嗎？」我再退了一步。

「媽媽是好媽媽，天下最好的。我小時候身體很不好，經常半夜突然發高燒，媽媽馬上會送我去醫院。有一次下大雪，我病了，爸爸出差不在家，媽媽就背著我冒著大雪去醫院，一路上摔了好多次，媽媽在摔倒之前都先護著我，自己摔傷了手腳，我都哭了。爸爸的脾氣不好，一有事情就會控制不了自己的情緒，對媽媽大喊大叫，有時甚至會打媽媽，爸爸不好，我為媽媽感到委屈，要保護媽媽。我在外地上學，夜間自修一結束，就會非常想媽媽，擔心媽媽一個人在家會不會遇上不好的事情，經常失眠，做惡夢，夢見小偷溜進我家，欺負媽媽，我都會哭醒。唉，媽媽好苦，我真不放心。嗚嗚……」李柔放聲大哭，一把眼淚，一把鼻涕。

　　有戀母情結的青春期孩子有一種天生的「英雄情結」，會杜撰出各式各樣的「母親遇難」的故事，想像母親處於一個危險的境地，自己是一個無所不能的「英雄」去拯救母親；其實，他會發現他自己是軟弱無能的，根本無法保護母親，於是他就會焦慮不安，用「生病」表達他不想遠離母親的意願。

第二招：騰出時空，促其長大

　　「請問你在家還和媽媽同睡一張床嗎？」我看著他的眼睛。

　　「嗯，讀小學開始，我就有自己的房間，一個人睡。可是，我很怕一個人睡，經常做與妖魔鬼怪有關的夢，被嚇得哇哇大哭。媽媽也被嚇壞，會哄我好長時間。爸爸一出差，媽媽就讓我和她一起睡，我就抱著媽媽睡，睡得很安心，不會做惡夢。媽媽也說，和我一起睡她也很安心，有被保護的感覺，嘻嘻。」李柔笑了。

　　「請問你是媽媽的什麼人？」我輕聲問。

　　「我，我是兒子吧。」李柔眼神中有疑問。

　　「今年你幾歲了？」我沒有正面回應他，接著問他。

　　「嗯，十四歲了。」李柔眨了眨眼睛。

　　「媽媽應該與誰睡一張床？」我「打一槍」換一個地方。

　　「嗯，應該是爸爸和媽媽一起睡。」李柔想了想。

　　「你想取代爸爸？」我追問。

　　「可以嗎？我要想一想。」李柔陷入沉思。

「你可以自評一下，心理年齡幾歲？」我又換了話題。

「心理年齡？嗯，大概八歲或者九歲。」李柔想了好一會。

「你的生理年齡是十四歲，心理年齡是八歲或九歲。你看看差距是幾歲。你想長大成熟起來嗎？」我一針見血。

「老師，我想長大。怎麼樣才能成熟起來？」李柔急切的問。

「媽媽有媽媽的生活，你有你必須做的事情，你明白嗎？」我啟發他。

「我該回學校好好念書，是嗎？」李柔徵求我的意見。

「讓爸爸當媽媽的丈夫，你當媽媽的兒子，各歸其位，不能錯位！」我大聲說。

「哦，爸爸是媽媽的丈夫，我是媽媽的兒子，不能錯位！」李柔大聲複述。

孩子自然的心理發展過程應當是：男孩承認自己是兒子，不是也不可能成為媽媽的丈夫，然後向父親學習以實現對男性的認同，從而具備男性的性別意識，正確理解家庭中的「三角關係」。此時，父親這個角色就能發揮積極的功能，促進男孩的心理成熟。

第三招：放空心靈，確定身分

我讓李柔閉上雙眼，在深呼吸中放鬆身體，放空心靈，開始冥想。慢慢的，在我的引領下，李柔來到一片空曠的原野，

看見在一棵高高的大樹上有一個鳥巢，鳥巢裡有一隻鳥媽媽、一隻鳥爸爸和一隻羽翼豐滿的小鳥。鳥媽媽和鳥爸爸除了精心餵養小鳥外，還非常耐心的教牠飛翔和捕食的本領，終於小鳥長大了，變成一隻雄鷹飛離鳥巢，翱翔在天空中⋯⋯我讓李柔把雄鷹放在心中，回到現實中來。

李柔開心大笑，充滿活力。他說，剛才看見的三隻鳥就是他們一家三口，他就是那隻翱翔在天空中的雄鷹！

戀母情結的本質是相似和互補。以男孩為例，他與父親同性，所以相似，而相似引起認同，使男孩以父親為榜樣，向父親學習，模仿父親，把父親的心理特點和特質吸納進來，成為自己的心理特徵的一部分；男孩與母親不同性，兩性可以互補，取長補短，相依為命，這就是戀愛或異性愛。於是，男孩與自己的父母形成了最基本的人際關係，這種人際關係可以用「戀母仿父」來概括。戀母和仿父常常相互促進。父親愛母親，而男孩模仿父親，他就會越來越愛母親；母親愛父親，男孩為了獲得母親的歡心，必須讓自己越來越像父親。如此，男孩就會長大成熟，一步步成為有力量的男人。

第三十三計　反間計

《孫子兵法‧用間篇》：「反間者，因其敵間用之。」意思是說，反間這種計謀，就是利用或收買敵方派來的間諜，使其為我所用。中國另一部兵法《長短經‧五間》說道：「陳平以縱反間於楚軍，間范增，楚王疑之，此用反間者。」可見，反間計很早就運用於軍事、政治爭鬥了。

反間計原意是使敵人的間諜為我所用，或使敵人獲取假情報而有利於我的計策；後來是指用計謀離間敵人，以分化之，從而解決問題。在心理危機介入中，反間計引申為心理輔導教師看到來訪者身陷於病態關係中，想方設法打破這種病態關係，促使來訪者建立正常的、良好的關係，從而化解心理危機。

病態共生，何以分離

生物學上的共生關係是指不同個體之間形成的互利寄生關係，而人與人之間的共生關係就是個體關係界限的模糊，對應在親子關係中，父母和孩子對彼此表現出的過度依戀，離不開對方等都是共生的表現。親子關係中父母往往處於「力量」上風，作為權威的存在更容易讓孩子產生依戀感。而內心柔軟的女性也很容易對孩子產生依戀，親子共生會使孩子在成長中出現某種心理或行為上的問題。

　　共生關係分為兩種情況。一種是正常的共生關係，嬰兒在零至六個月的時候與媽媽之間的關係就是典型的共生關係，這時候的親子依戀是正常的生存需求；另一種是病態共生關係。病態共生一方面表現為孩子離不開父母遲遲不願獨立，拒絕長大，躲在父母保護下；另一方面一些家長也存在對孩子的依戀，剝奪孩子的天性和自主權利，用掌控來強化這段共生關係。

　　病態共生對孩子的成長影響呈現在外在和心理等多方面，而來自父母的過度依戀會讓孩子倍感壓力，顧前想後看似是關懷，其實是在一點點扼殺孩子獨立思考和獨立行動的能力。

　　吳魚（化名）是某高中三年級的學生，其上學的景象簡直是「前呼後擁」。每天早晨，他年逾六旬的奶奶都會為他背上沉重的書包，走在前面；他的媽媽則拿著他喜歡吃的各種食品，跟在他後面，隨時聽從他的吩咐。如果吳魚說不想去學校，一家人馬上著急起來，爸爸媽媽立即用各種好話哄他，承諾買他喜歡的各種玩具給他；爺爺奶奶會煮各種好吃的「犒勞」他，討他開心。一家人以他的高興為快樂，以他的心情為天氣，圍著他轉，生怕他有什麼不舒服。吳魚常說的一句話是，「你們都要聽我的，否則我就不讀書！」有好幾次，由於要求一時沒有得到滿足，吳魚就用小刀刺傷自己；有一次，吳魚甚至從三樓往下跳，摔斷了雙腿，在醫院住了很長時間。

　　面對如此的病態共生關係，反間計值得嘗試。

　　反間計要消滅的「敵人」是父母長輩與孩子間的病態共生關

係，要建立一種父母長輩就是父母長輩、孩子就是孩子的各有各的存在感的獨立關係。

第一招：「離間」父母，樹大分枝

《終身成長詞典》詞條「獨立」中說：物質上啃老、精神上未斷奶，都是不獨立的表現。吳魚家病態共生關係的形成是有根源的，吳魚的爺爺奶奶是這種病態關係之根。吳魚的爺爺奶奶向來認為兒子是他們生命的一部分，身體上不能與他們分離；想法上也必須與他們相同。兒子即使是娶妻生子也是兒子，不能離開他們，否則就是不孝順。由此，一家三代人都居住在一間房子裡，雖然在同一個社區早已購買了新房子；孫子是吳家血統的繼承人，孫子的教育必須由他們負責。孫子必須吃好的、喝好的、玩好的，不能讓他吃任何的苦、受任何的罪。孫子必須被寵愛！

我問吳魚的父母，「你們長大成熟的象徵是什麼？」

「我結婚有了兒子。」吳魚的父親看了看妻子。

「妳有決定家庭事務的權利嗎？」我又問。

「沒有，都是公公婆婆說了算。」吳魚的媽媽小聲說。

「誰在教育吳魚？」我再問。

「兒子生下來後一直由公公婆婆照顧，兒子讀書的事情也全部由他們做主，我們必須與他們保持一致，不能有其他的意見。」吳魚的媽媽紅著眼睛說。

「你覺得自己是合格父親嗎？」我看著吳魚的父親。

「我至多算是一個聽話的兒子，我不知道父親是什麼，要負什麼責任。我什麼事情都是聽父母的，由他們決定。」吳魚父親的眼睛也紅紅的，真的像一個充滿委屈的孩子。

「樹大分杈，兒子大了要分家。這句話你們聽說過嗎？」我真誠的說。

「我知道這句話。可是，沒有父母照顧，恐怕我們自己生活都不能自理。不瞞你說，我們倆連做飯都不會。」吳魚父親不好意思的低下頭。

「我想分家各自過。再這樣下去，我們委屈一輩子，兒子也要被毀了！老公，我會學做飯的，我好想有一個自己的家，有我們自己的生活，不想兒子就這樣生活下去……」吳魚的媽媽說著，放聲大哭。

第二招：「離間」兒子，學習分離

很多父母反對孩子離開自己的身邊，是因為他們把孩子當成了自己的一部分，同時由於這些父母缺乏自我存在感，覺得孩子離開身邊就失去自我，他們在追求一種「我就是你，你就是我」的幻覺。

孩子要長大成熟，必須追求「自我存在感」，不要把「存在感」寄託在別人的身上，自己要有自己的目標與追求。

吳魚的問題不是認知出了問題，而是潛意識被控制與固

化。於是，我引導吳魚閉上眼睛，放鬆身體，放空心靈，開始冥想。在想像中，吳魚慢慢的在一間房子裡看見一個鐵籠子，鐵籠子裡關著一隻狗頭狼身的怪獸，這隻怪獸躺在一張舒舒服服的床上，眼睛似乎睜開又似乎閉著，一副有氣無力的樣子。當怪獸發脾氣時，牠就像狼一樣嗷叫著；當牠要吃東西時，就像狗一樣搖著尾巴。怪獸吃了睡，睡醒了吃，一天到晚無所事事。怪獸的身體越來越胖，可是，對牠來說，站立都是問題。怪獸雖然想離開鐵籠子，但是牠不敢離開鐵籠子半步，牠也不知道自己究竟怕什麼……

吳魚被喚醒後，哭了。他說怪獸就是他，他就是被關在鐵籠子裡的怪獸！他不能再這樣下去了，否則，他一輩子都被毀了，根本沒有未來，不會有幸福！

第三招：放心放手，成長不代替

孩子的成長就像大樹的長成。一圈一圈的年輪，都是不同的年齡階段，都有其需要面對的問題、學習的內容、經歷的過程。

1. **放心**：不用形影相隨

上天給我們一個任務，讓我們牽著一隻蝸牛去散步，孩子像蝸牛一樣慢慢走，且走且成長。我們需要付出的，是愛與陪伴，但是指引並非形影相隨，教育並非代替他行走，我們不必完全奉獻自我，更無須寸步不離。相較於影子般的伴隨，成為彼此病態的共同體，孩子更需要的是一個懂

界限、知進退、不急不躁、學會放手的父母。

孩子需要時，扮演好父母的角色，以身作則，讓孩子在你身邊學會為人處世；孩子獨立時，溫柔的放手，得體的退出，天高任鳥飛，只要讓他知道你愛他。

2. **放手**：給孩子多一些留白

人們總說孩子就像一張白紙，卻很少有人意識到，身為父母的我們，需要做的不是大肆潑墨，而恰恰是該給孩子多一些留白，讓他們自由發揮。這人生的留白裡，沒有你的思想、你的意志、你的過分干預，卻又在不經意間讓孩子知道怎樣和自己相處、和別人相處、和自然相處，讓我們的孩子帶著愛，更加從容的長大、成人。我們常說對孩子是永遠放不開的愛和牽掛，但其實「最好的疼愛，是放開手」。

那些事事代勞、從不教孩子獨立的父母，才是最無知最殘忍的。

網路上有這樣一段話：「八歲時你沒教他繫鞋帶，二十歲時他的確學會了；但二十歲明明已經應該打工賺錢養自己了，他卻只學會了繫鞋帶。」不管如何，共生關係都不應該長期持續，在孩子長大的過程中，共生關係只能是短暫過渡，最終給雙方安全感和舒適感的還是正常的親子關係。

第三十四計　苦肉計

　　本計出自《吳越春秋》卷二《合廬內傳·第四》：要離自願斷右臂，取得吳王僚的兒子慶忌的信任，得以接近慶忌，最後殺死慶忌，為吳王闔閭除去一大障礙。《三國演義》裡「周瑜打黃蓋，一個願打一個願挨」的故事也是「苦肉計」的成功範例。

　　苦肉計原意是指故意毀傷身體以騙取對方信任，從而進行反間的計謀；比喻順應著對方那柔弱的性情以達到其他目的。在心理危機介入中，苦肉計引申為心理輔導教師「自甘墮落」來「曲意逢迎」來訪者的意願，獲取來訪者的認同與信任，以建立良好的諮商關係，適時疏導和引導，化解來訪者的心理危機。

▋惡性競爭，你死我活

　　上了高三，師生都面臨龐大的升學壓力，適時幫學生「打打氣」以激發鬥志無可厚非。但每年大學入學考季「血腥標語」都層出不窮，什麼「吃苦受累，視死如歸」……這些「悲壯得近乎慘烈」的標語似乎把考生當成了「考場戰士」，期望大家「殺紅了眼」。從長遠看，這種氛圍明顯渲染得過重了。動輒出現的「戰勝」、「幹掉」、「死」等字眼，過度強調人與人之間的競爭關係，似乎這個社會上只有「你死我活」的零和博弈。這對於尚處價值觀形成期的學生來說，絕非福音。

　　「血腥標語」不是無源之水。透過惡狠狠的字眼，我們能感受到教育中的「分數至上」、「考試至上」之可怕。實際上，在激勵考生與人文關懷之間，還是存在某種平衡的。比如，二〇一五年某高三教室中出現了這樣一個「暖心標語」：「二〇一五一半是高三、一半是大一。充滿希望，布滿荊棘，只有一條路不能選擇 —— 放棄。有一條路不能拒絕 —— 成長。二〇一五我們志在必得。」像這樣的標語既能激勵寒窗苦讀的大考學子堅持下去，也能讓考生以一顆平常心迎接即將到來的考試。孰優孰劣，一目瞭然。畢竟，除了冷冰冰的分數，教育還有更重要的任務：培養一個擁有健全人格的人。

　　朱鳳（化名）是某明星高中的高三學生。國中升高中時，朱鳳與她表妹以一分之差的分數考入該高中，被分到不同班級，成績在班級排名中都是居後。高三第一學期結束後，朱鳳的學習成績已經進入班級前十名。春節期間，凡是客人上門，朱鳳的媽媽都要向人炫耀女兒，說女兒很優秀，是班上的優等生，肯定能夠考上好大學。一天，朱鳳的表妹來拜年，朱鳳的媽媽又大誇特誇女兒，然後以鄙夷的眼神看著外甥女，問她考了多少分。朱鳳的表妹微微一笑，說她在年級裡排名第八。朱鳳的媽媽一下子臉色大變，烏雲密布，開口大罵朱鳳無能。朱鳳又羞又恨，恨表妹居然超過她，讓她丟盡面子。自此後，朱鳳對表妹恨得咬牙切齒的，發誓要弄死表妹。

　　面對因為惡性競爭心理而幾乎喪失理智的朱鳳，我用苦肉計來化解她的心理危機。

第一招：曲意逢迎，欲擒故縱

　　「看妳心情不爽的樣子，可以說說妳的煩惱嗎？」我的眼神中充滿關切。

　　「我活得好累，一天到晚有寫不完的作業，考不完的試，每天累得像隻狗，唉……」朱鳳長長的嘆了口氣。

　　「嗯，高三了，課業壓力好大。」我表示認可。

　　「時時刻刻都是競爭！早上眼睛一睜開，就想著考試分數；睡覺了，還在想成績和排名。好害怕丟分，好害怕名次掉下去，唉……」朱鳳又長嘆一聲。

　　「學業有退步？」我再問。

　　「也不是退步，是有起伏。人比人氣死人，憑什麼她的成績比我好？高中入學考我還比她高一分，哼！」朱鳳憤憤不平。

　　「嗯，與人比較是會心情不好。」我表示理解，「妳是與誰比較？」

　　「我表妹！要長相沒長相，要錢沒有錢，人也不比我聰明，她憑什麼成績比我好？居然爬到我頭上耀武揚威，我恨死她了！」朱鳳咬牙切齒。

　　「嗯，她各方面都不如妳，憑什麼讓妳丟盡臉面？」我一副義憤填膺的樣子。

「就是，我是表姐，她必須比我差！」朱鳳兩眼冒火。

「對，她太不知大小了！做妹妹的只能做姐姐的跟班，什麼事情都要讓著姐姐！」我大聲說。

「我是班級前十名，她居然是年級第八名！氣死人了！只要想到這件事，我就胸悶氣不順，超級生氣，老娘要被活活氣死！剋星，剋星！」朱鳳一副要發瘋的樣子。

「她太不識相了！滅了她！」我也是一副要發瘋的樣子。

「對，滅了她！滅了她！」朱鳳簡直是歇斯底里。

「對！滅了她，妳就天下無對手了！」我也是歇斯底里的樣子。

朱鳳瞪著眼睛，呆呆的看著我。過了好一會，慢慢的，她的臉部表情有所緩和，似乎有點吃驚。

「老師，你支持我滅了她？」朱鳳降低了聲音。

「嗯，妳都要發瘋了，我當然支持妳！」我說得斬釘截鐵。

「真的可以滅了她？用什麼方法滅了她？」朱鳳若有所思，自言自語。

欲取先予，面對這個已幾近失去理智的來訪者，一個有經驗的心理輔導教師首先要讓來訪者看到你對她的情感的「認同」和「支持」，讓她覺得你是她的「自己人」，能夠打開心扉走進她的內心世界。而要做她的「自己人」，心理輔導教師首先要放下自己的「教師」身分，「自甘墮落」，與她「一起鬧」、「一起瘋」。甚至，有時候，心理輔導教師的言行可以比來訪者更加

「瘋狂」。「犧牲」教師的光輝形象，換取來訪者的信任，是苦肉計成功的第一要素。

第二招：抽絲剝繭，因勢利導

「妳是什麼時候與表妹開始較量的？」我不急不躁。

「不是較量，是競爭，你聽清楚！」朱鳳吼了起來。

「嗯，是競爭。說一說發生了什麼事情，好嗎？」我沒有脾氣的樣子。

「我已經是班級前十名了，經常受到老師的表揚，成為同學的榜樣了！她居然是年級第八名！簡直就是要把我活活氣死！」朱鳳又是一副要發瘋的樣子。

「妳的成績不錯，肯定能夠考個好大學。」我笑了笑。

「好個鳥！她要是考上第一志願，我考上第二志願，我在親戚朋友面前肯定抬不起頭，到那時我只剩下跳樓一條路！剋星，我恨死她，我要幹掉她！殺了她！」朱鳳霍然而立，面目猙獰。

「放鬆，放鬆。妳先喝口水。」我遞給朱鳳一杯水，示意她坐下。

「來，我們整理一下思路。」看她平靜了一些，我說，「年級前八名她一個人全包了嗎？」

「老師，你傻不傻？她一個人怎麼會把前八名全包了，她是第八名而已。」朱鳳一副鄙夷的表情。

「哦，那就是說，她前面還有七名學霸，是嗎？」我故作糊塗。

「當然，前面七名學霸更厲害！」朱鳳大聲說，有點幸災樂禍。

「妳恨那七名學霸嗎？」我「天真」的問。

「我不恨他們，我為他們驕傲！他們就是壓在她頭上的七座大山，壓死她！」朱鳳氣勢洶洶。

「妳為什麼就要和表妹過不去？」我直接發難。

「因為我是表姐！她超越我，就是不尊重我，就是侮辱我，就是我的敵人！我一定要滅了她！」朱鳳握緊兩個拳頭。

「妳班上有個同學也想滅了妳，妳擋了他的路，妳知道嗎？」我用挑釁的眼神看著她。

「不會的，班上同學都和我很好。」朱鳳不相信的搖搖頭。

「沒有同學會當妳的朋友！自己的表妹都要滅了的人，誰也不會與她成為朋友的！」我語氣堅定，不容置疑。

「不會的，不會的。」朱鳳有氣無力。

「居心叵測的人，心如蛇蠍的人，根本不會有朋友！」我說得斬釘截鐵。

「怎麼辦？怎麼辦？我該怎麼辦？」朱鳳陷入痛苦的沉思中。

如果我們把升學作為教育的「唯一」目的，從小向孩子灌輸「人生就是考試一條路，學習的目的就是考高分、爭名次、升大

學，否則沒有了前途，甚至沒有了尊嚴，沒有了意義」，那麼，孩子就會陷入惡性競爭的泥潭裡，沒有了人性，沒有了親情，沒有了友情，淪落為殘酷的「考試絞殺機」。

第三招：看清自我，改邪歸正

我讓朱鳳閉上雙眼，引導她在呼吸中放鬆身體、放空心靈。慢慢的，朱鳳在想像中看見一隻又髒又臭的蘆花雞蜷縮在一堆垃圾中，已經病得奄奄一息。她說這隻蘆花雞好可憐，然後眼淚狂流。我引導她把蘆花雞抱到一個湖泊裡，並用清澈而甘甜的湖水為蘆花雞洗了個澡。一洗乾淨，蘆花雞一抖身子，一瞬間化身為一隻雪白的天鵝。就在這時候，一隻潔白的天鵝從不遠處飛來，引吭高歌。於是，美麗的湖面上，兩隻白天鵝翩翩起舞，引來許多飛鳥加入歡快的聚會……

我讓朱鳳帶著這美好的畫面回到現實中來。

「妳覺得蘆花雞象徵誰？」我笑著問。

「是我，一個又髒又臭的我，一個病入膏肓的我。」朱鳳哭著說。

「怎麼會是妳？」我又問。

「因為我老想害人，老想幹掉表妹，真是腳底流膿、頭頂長瘡，壞透了。」朱鳳羞愧的低下頭。

「蘆花雞是如何變成天鵝的？」我繼續問。

「在清水裡洗乾淨了。一個人只有心地善良才會成為萬人喜

歡的白天鵝！」朱鳳抬起淚盈盈的雙眼。

「另一隻白天鵝是誰？」我開心的問。

「另一隻白天鵝是我表妹，我要和她比翼齊飛，飛向藍天！」朱鳳聲音洪亮。

正如一棵樹搖動另一棵樹，一朵雲推動另一朵雲，教育是一個靈魂喚醒另一個靈魂。

第三十五計　連環計

　　本計名見於《元曲選》中〈錦雲堂暗定連環計〉雜劇。《三國演義》第八回也有「王司徒巧使連環計」。《兵法圓機‧迭》說：「大凡用計者，非一計之可孤行……百計迭出，算無遺策，雖智將強敵，可立制也。」

　　連環計原指計中有計，多計並用，計計相連的破敵之法。後來連環計用以指一組環環相扣、互相呼應的克敵制勝的計策。在心理危機介入中，連環計被引申為環環相扣的化解來訪者心理問題的一系列策略。

▌青春叛逆，喜憂參半

　　到了青春期，隨著接觸範圍的擴大，知識的增加，內心世界的豐富，青少年的自我意識覺醒並開始獨立，逐步形成了自己的價值觀。這種價值觀有時與父母的價值觀不同，遭到父母的反對，得不到父母的理解。於是青少年就在同伴中尋找共鳴，父母也就變得不那麼親近了。此時，如果父母不了解子女的這種心理變化，簡單、生硬的進行管教，就會迫使子女產生反抗情緒和行為。這個時期的青少年，儘管自我意識發展了，但自我控制能力還差，常會無意識的違反紀律。他們喜歡與人爭論，但常論據不足；喜歡懷疑，卻又缺乏科學依據；喜歡發

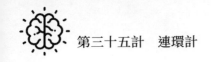

現問題，但又判斷不準；喜歡批評別人，卻又容易片面。

　　父母管教子女往往有兩種心理狀態：一是把子女看成私有財產，對子女具有絕對權威；二是父母將子女看成自我理想的再現，希望子女能實現自己想實現但沒有實現的理想。因此，父母把自己的理想、自己的生活經驗灌輸給子女，企圖讓子女按他們的設想去生活。

　　父母要管教，子女要獨立。於是，衝突必然產生，反抗行為在所難免。子女的反抗形式多種多樣，有的不與父母交談，有的與父母陽奉陰違，有的離家出走，甚至走上犯罪道路。

　　李媽媽的兒子朱明（化名），十四歲。朱明上中學以後，李女士發現兒子越來越難管教了。每天晚上放學回家吃完飯，朱明就拿著電視遙控器不放手，李媽媽催他寫作業，他還嫌煩。朱明說：「我自己安排，別干涉我的自由。」屋子亂七八糟，朱明也不收拾；頭髮長了，朱明也不剪，還染成了金黃色。對於兒子的種種「劣跡」，李媽媽經常在飯桌上數落，要求他立即改正。但是，李媽媽剛剛說了一半，朱明就放下筷子摔門回房間去了。李媽媽的丈夫經常出差在外，對兒子的狀況了解不多。一次，聽了李媽媽的抱怨，朱先生狠狠訓了兒子一頓。朱明據理力爭，朱先生一生氣就動手打了兒子幾巴掌。朱明一氣之下就離家出走，一週之後才被找到。此後兩個多月，兒子和爸爸一句話也不說，和李媽媽也幾乎是零溝通。李媽媽還發現兒子有自殘行為，左手手臂上有好幾處刀疤。

　　焦急萬分又痛苦不堪的李媽媽「押」著朱明來到我的工作室。

　　面對著「你要他朝東，他偏朝西；你要他朝西，他偏朝東」的朱明，以及朱明與父母之間糟糕的親子關係，我採用了「連環計」。

第一招：避其鋒芒，連接心靈

　　朱明一進工作室，一屁股重重的坐上沙發，翹起二郎腿。

　　「我不是神經病，不需要心理諮商！」朱明吼道。

　　「嗯，情緒不小。」我微微一笑。

　　「他們不像父母，要做諮商的是他們！」朱明對母親橫眉冷對。

　　「嗯，好大的意見。」我又微微一笑。

　　「別指望我聽話，我不是三歲小孩了！」朱明臉色鐵青。

　　「嗯，有自己的想法，好。」我點了點頭。

　　朱明看了看我的眼神，臉部表情有所緩和。

　　「一天到晚只會嘮嘮叨叨，我受不了！」朱明眼神中有怨氣。

　　「是的，要好好說話。」我又點點頭。

　　朱明再次看了看我的眼神，放下了二郎腿。

　　「別以為打人就是教育，打人是沒有教養的表現！」朱明一字一句的說。

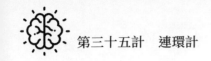

「是的，動粗只會讓關係惡化。」我再次點點頭。

我看了看朱明的母親，她低著頭，若有所思。我再看了看朱明，發現他的呼吸已經緩和下來，沒有剛進工作室時的憤怒了。我朝朱明笑了笑，朱明也朝我微微一笑。

第二招：打開心扉，坦誠溝通

我向朱明母子各敬上一杯茶。朱明品了一口，說：「真香，好茶！」我接著說：「要泡出好茶，水要好，茶葉也要好，兩者缺一不可。」然後，我看了看他們母子倆，笑著說：「關係要和諧，要互相信任，好好溝通。」

「老師，她就是懷疑我！我無論做什麼事情，她都要否定！」朱明又來氣了。

「哦，可以舉個例子嗎？」我淡淡的說。

「我愛照鏡子，她就說我臭美，把大好的時光浪費在穿著打扮上，一天到晚不學好，再這樣下去肯定會變成小混混。照鏡子有什麼錯？我是希望自己每天有精神，有自信。你知道嗎？看見自己超帥的樣子，我很開心，覺得自己有魅力，同學、老師都會喜歡我。我覺得學習有力氣，生命有活力！」朱明大聲說。

「嗯，你在學自我形象管理。朱明媽媽，妳是怎麼看的？」我沒有明確表達態度。

「他的主要任務是念書，一天到晚講究穿著打扮肯定會影響學習。你看看他這頭髮像什麼樣子，花裡胡哨的，男不男、女

不女的，我看著都難受。」李媽媽一臉不滿。

「這都是妳害的！一天到晚嘮嘮叨叨，沒有清靜的時候。家不像家，冷冰冰的，一點溫度都沒有。黃阿姨才是好媽媽，和杜新有說有笑，打打鬧鬧。妳看妳，一天到晚垮著臉，好像誰都欠妳錢似的！」朱明一點面子都不給。

「你還好意思說我？你看看人家杜新，學業優秀，班上排名第一；對人有禮貌，誰都喜歡他。你呢？論成績，你在班上中間居下；你還時不時違反紀律，我一接老師的電話就害怕。你一點都不讓我放心！」李媽媽反唇相譏。

「妳就看不到我的優點。我能歌善舞，是校園十大歌手；我擅長籃球，是灌籃高手，一場球打下來能得二十多分；我書法漂亮，有許多同學要我簽名。妳就知道分數和排名，根本沒有把我看在眼裡，也不知道我要什麼。唉……」朱明長嘆一口氣。

「你要什麼？你不就是覺得媽媽管你太嚴，你沒有自由嗎？媽媽當然看得見你的優點，但是媽媽很擔心，學業成績不好，你以後就考不上好的大學，找不到好的工作，沒有好的生活！媽媽累死累活就是希望你過上好的生活，替朱家爭氣，也讓媽媽驕傲一回！」李媽媽滿腹委屈。

......

母子倆唇槍舌劍，你來我往，把積壓在心裡的種種委屈、不滿、怨氣、憤怒、懊惱等不良情緒都宣洩出來，打破凍結在心頭的堅冰，為雙方接下去的順暢交流做好了心理準備。

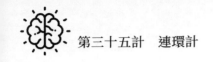

第三招：換位思考，運用「我訊息」

情緒 ABC 理論認為：A 是引發我們情緒的事件，B 是我們的信念或是對事情的詮釋，C 就是結果，即我們的負面情緒。通常，當我們不喜歡 C 的時候，都會去找 A 的麻煩，尤其是與造成 A 相關的人。所以我們每天疲於奔命，一直在處理、溝通、協調 A 以及與 A 相關的人、事、物。可是我們不知道，B 是我們唯一可以完全掌控和改變的因素，而且引發 C 的不是 A，而是 B。ABC 法則告訴我們，每個人的感覺都是自己的選擇，我們要為自己的感覺負責。當我們有情緒或負面感受的時候，可以用「我訊息」表達情緒、分享感覺，而不是抱怨、攻擊或責備，如此，才能幫助我們和伴侶、孩子達成溝通與相互理解的目的。

朱明母子互相指責是「你訊息」在產生作用，只是要求別人按「我」的期待、希望、要求來說話、做事。要改善朱明母子的關係，就要讓母子倆學會換位思考，用「我訊息」表達，即在表達看法時只表達自己的感受。於是，我對朱明母子解釋了情緒 ABC 理論和「我訊息」表達法，並且對他們進行了訓練。雖然剛開始，母子倆說起來有點結巴，但畢竟母子連心，不一會，母子倆說起來就流暢了。

「媽媽，其實我也很想把學業做好，畢竟成績好是有面子的。妳一直要求我好好念書，是妳愛我，希望我有一個美好的將來。我也一直在努力，成績上不去我也很懊惱。妳一教訓

我，我就莫名上火，就要和妳對抗，就要讓妳難受。其實，我不是不想妳管我，是希望妳換一種方式管我，譬如，鼓勵我、給我一些讀書方法的指導。我這個年齡，情緒不穩定，也很難控制，一發起脾氣來就會倔強到底。媽媽，請原諒，我總傷害妳。」朱明流著眼淚說。

「我的脾氣也不好，沒有給你進步的時間，總希望你能夠很快的達到我的要求。看你成績上不去，我就覺得很丟臉，在親人、朋友、同事面前抬不起頭，覺得活著沒有希望；吃飯不香，睡覺不安，一天到晚焦慮緊張。於是，我就把自己的不好情緒變成嘮叨，指責你的種種不是，對你冷言冷語、甚至惡語相向，這其實是媽媽無能為力的表現，媽媽好沒用。唉……」李媽媽的懊悔之情溢於言表。

「媽媽，我朝妳大喊大叫『別碰我東西！』、『妳別管我！』、『我不告訴妳！』、『關妳什麼事？』、『和妳沒關係』、『妳別進我房間，妳滾，妳走！』諸如此類的話的時候，其實我的內心也很痛苦，看不起自己，覺得自己很無情、很不孝，也搞不明白自己為什麼會變成這樣，自己也不認識自己。也許，這就是令人喜歡也令人討厭的青春期！」朱明說完，陷入沉思。

「媽媽的控制欲太強，總想讓你聽話。你不聽話，我就似乎沒有存在感，沒有了價值。媽媽這樣做的確會讓你不開心，讓你覺得沒有自由，讓你難以獨立。媽媽已經忘了初心，忘了當初為什麼要生下你、要給你一個什麼樣的生活、什麼樣的將

來！媽媽總用世俗的行為標準要求你，束縛你的思想、束縛你的行為，把你控制在媽媽的世界裡！原來，媽媽已經忘記了當初給你生命的使命，忘記了你的生命有自己的精彩！對不起，兒子，請原諒媽媽。」李媽媽一臉真誠。

「媽媽，妳知道我手臂上的刀疤是怎麼來的嗎？當我和你們發生嚴重衝突時，我會有一種生不如死的感受，但是我又怕自殺會讓你們痛不欲生，於是我就用刀片在自己的手臂上割一刀。當我看見血流出來時，我覺得心裡好受一些，就不想去跳樓了，嗚，嗚，嗚……」朱明放聲大哭。

「對不起，兒子，媽媽錯了，媽媽真的不理解你，都是媽媽的錯……」李媽媽一邊道歉，一邊流淚，隨後也放聲大哭。

對於情緒，我們總是需要去表達的，不表達不好，亂表達更不好。人與人之間許多誤解、隔閡和傷害，都是由於表達不當而造成的。建設性表達可以先描述對方的行為，再表述自己的情緒，這就使對方非常清楚是自己的哪一個具體行為讓對方不高興了，而不同於被泛泛的指責。「我訊息」之所以有建設性，原因在於它傳達給對方的都是正能量：我尊重你，我理解你的感受，我相信你的能力，我相信你能為自己的行為負責，我願意傾聽你，我願意幫助你，我願意承擔我的責任，我願意表達我自己……

「我訊息」表達消除了母子對抗情緒，和解了母子關係。

孩子在青春期的狀態是一種「結果」。從教育的角度來講，

孩子年齡越小的時候，父母越是有力量去影響他們。孩子到了青春期時，整個家庭的關係和孩子的狀態，基本上可以反映出過去十幾年的家庭生活經歷所產生的影響，這是躲不掉也藏不了的。

比如在青春期以前，如果父母的教育以控制為主，到了這個階段，孩子就會出現兩種結果。一種是隨著孩子的獨立意識變得強烈，他特別想要破壞，透過破壞企圖獲取自己的獨立，所以孩子會表現出對父母特別強大的抗爭，家庭顯現的對立會增加。另一種就是孩子看起來依然很聽話，但是他的神色、表情，乃至整個人身上是看不到任何光彩的。

青春期「叛逆」是孩子必然經歷的一個過程。事實上，青春期的孩子如果「不叛逆」反而是不正常的，如果他沒有對成年人所描述的世界產生懷疑反而是不好的，青春期最佳的狀態就是在它該發生的時候發生。如果在青春期的時候，父母能夠幫助孩子往獨立的方向前進一步，就會發現，在這個階段孩子會慢慢的成為一個更完整、更獨立的人。

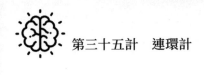 第三十五計　連環計

第三十六計　走為上策

　　本計出自《南齊書·王敬則傳》:「檀公三十六計,走為上策。」檀公指南朝名將檀道濟,相傳有《檀公三十六計》,但未見刊本。

　　走為上策原指在戰爭中看到形勢對自己極為不利時就逃走;也形容遇到強敵或者陷入困境時,以離開迴避為最好的策略。在心理危機介入中,走為上策引申為來訪者的心理問題較為嚴重,已超出了心理輔導教師的能力範圍,心理輔導教師應將來訪者轉介給更有能力或更擅長的人或者機構去處理,才不失為明智之舉。

▌精神分裂,果斷轉介

　　精神分裂症是一種病因未明的嚴重精神疾病,精神刺激、遺傳、生理、環境等都可能引發該病。精神分裂症患者的臨床症狀複雜多樣,不同的人有不同的症狀,即使是在同一疾病期內,患者之間的症狀也不相同。他們共同的特徵是情感、行為不協調,脫離現實環境,有思考障礙等。

　　「對症施治」是病患治療的首要原則。精神分裂症的診斷有一套正規的評判標準,需要有專業的醫學背景和較為豐富的臨床治療經驗,而這些背景和經驗,學校心理輔導教師一般比較

缺乏，不能做出比較準確的診斷，當然也不具備診斷權，更不具備治療權。

由於學校心理輔導教師沒有診斷權，其得出的評估結果往往會引發爭議，令人質疑，甚至會引發司法衝突。因此，專業的事情必須由專業人員或者專業機構來處理。當學生的心理問題比較嚴重、可能是精神問題時，轉介是一種保護學生、保護教師、保護學校、保護教育的明智方式或途徑。

精神問題與其他的疾病一樣，具有最佳治療時期。因此，盡可能縮短學生自發病開始到接受正規治療的時間，可以促進異常心理向積極的、高效能的方面發展。因此，及時轉介對於學校教育來說是當務之急，必須實施。

有一天，我接到某校一個心理輔導教師的來電，她說她發現一個男生可能有嚴重的精神疾病，需要我的幫助。於是，我急忙趕到那所學校。

黃覺（化名）是該校國三的學生，平時課業成績不錯，表現也良好。然而就在前幾天的模擬考試結束後，黃覺突然性情大變，莫名狂躁，大喊大叫，說自己是如來佛祖，能夠降魔除妖，無所不能；又說他看見了許許多多的女鬼，這些女鬼都想要吃他；之後他又是跳上桌子，說要捉拿孫悟空；又是趴在地上，說女鬼在吃他的大腿；黃覺脫下衣褲用火點燃，說是要坐火箭飛上天；用墨水塗滿全身，說自己是來自地獄的閻羅王……胡言亂語，行為怪異。

　　面對一個突然發病的學生，一個可能是精神分裂症的患者，「走為上策」是學校確保正常教育教學的有效策略。

　　我到了該學校後，馬上與黃覺進行會談。我發現黃覺存在以下幾個方面的異常問題：一是嚴重幻覺，看見各種妖魔鬼怪，把老師和同學當妖怪。二是被害妄想，說許多女鬼要吃掉他。三是關係妄想，說自己是如來佛祖，無所不能。四是行為怪異，上蹦下跳，要上天入地。五是有自殘行為，用小刀在自己的手臂上劃出許多傷口，說自己在與妖怪打仗，殺死了許多妖怪。

　　面對黃覺的異常行為，我與校長等人進行了會談，建議校長馬上通知家長到校，並且趕快與精神病院聯絡，請求協助。

　　在家長到校後，我和校長一起與家長緊急會談，告知家長孩子的問題以及問題的嚴重性，建議家長馬上送孩子到醫院治療。在醫院救護車到達後，學校派人與家長一起把學生送到醫院。

　　面對校園心理危機，其危機的嚴重性已經超出了教師的工作範圍或能力範圍，學校和教師必須做出轉介的決定，把患者轉介給相關專家、心理諮商機構或者醫療部門，以防患者的病情惡化或問題進一步嚴重化。這就是「走為上策」在校園心理危機中的應用。

　　作為學校，如何做好危險程度高的學生的轉介工作？

第一招：安全保護，預防意外

1. 學生若發現有異常行為的危險程度高的學生時，應立即做好安全保護工作，謹防該生自傷、自殺，也要防止他採取激烈行為傷害身邊的同學。
2. 若當時沒有老師在場，學生要立即通知老師。
3. 老師到場後，要第一時間採取措施把危險程度高的學生緊急隔離，以防事態擴大。
4. 老師要立即通知學校校長和心理輔導老師，請他們緊急趕到現場。

第二招：緊急干預，做出決策

1. 心理輔導老師要馬上著手疏導和引導工作，並對該生的問題做出初步評估，提出處理建議。
2. 學校校長要立即打電話通知該生家長趕到學校。
3. 學校校長要馬上召開學校心理危機預防與干預領導小組成員會議，通報危險程度高的學生現狀，做出後續處置決策。
4. 學校校長與家長會談，告知學生異常表現以及問題的嚴重性，並告知學校的處置決定。
5. 學校讓家長簽下「自願回家治療書」，完成休學治療協議。

第三招：協助護送，應急輔導

1. 學校徵得家長同意，打電話給一一九，請醫院派車接學生去醫院治療。

2. 學校與家長一行人護送學生走出校園，坐上一一九救護車。

3. 為防止路途中意外事件發生，學校應派兩名身強力壯的男教師隨救護車一路護送該生到醫院，把學生平平安安的交給醫生。

4. 學校要做好該生所在班級學生的心理輔導工作，撫慰因突發事件而感到困惑、難受、悲傷、痛苦的心靈。對於事件之後產生激烈反應的學生，要做好創傷輔導工作。

5. 學校要採用多種途徑、多種方式推展心理健康知識的科學普及工作，大力宣傳心理異常學生言行舉止的識辨、判斷等方面的知識，做好緊急干預、保護、報告等相關應急處理方法的普及工作。

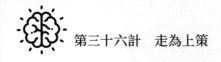

第三十六計　走為上策

後記

　　人生命的全過程就是由一次次的生命活動所組成。一次次生命活動的品質決定人生命全過程的品質；重視每一次生命活動的品質就是重視生命全過程的品質。

　　生命，特別是人的生命，應當由三個因素構成，即生理（自然屬性）、心理（社會屬性）和靈性（精神屬性）。生命的自然屬性，是建立在人的血緣關係基礎之上的生理範疇，它主要涉及與人倫和人生（生命長度）有關的性問題、健康問題、安全問題和倫理問題等。生命的社會屬性，是人伴隨著一定的社會文化和心理基礎而發展起來的符號識別和社會人文系統，它涵蓋了人的成長、學習、交友、工作、愛情、婚姻等涉及人文、人道的種種方面。生命的精神屬性，是一個人「我之為我」的最根本表現和本質要求，也是生命最聚集的閃光點，它包含自性本我、低層本我、人文本我、形象本我和高層本我五個層次，涉及人性與人格。所有這些，組成了人的生命的全部，也即生命層次，其中的每一部分，都蘊含著生與死、得與失、存在與虛無。

　　生命的自然屬性也即自然生命，決定著人的生命長度，即壽命的長短。生命的社會屬性也即社會生命，決定著人的生命寬度，它是以文化為核心和根基，從零開始不斷拓展的。生命

的精神屬性也即精神生命，決定著人的生命高度，它並非純粹指人在成功的順境中所能達到的高度，也指人在失敗的逆境中所處的低谷，因為生命的深刻體驗和靈性的深層次激發，也構成了富有意義的生命高度的一部分。生命長度、生命寬度和生命高度統一在一起，共同凝成了人的生命亮度，也即個體生命「我之為我」的生命發光點。

從事中小學心理健康教育工作二十多載，我一直對於生命及其生命教育充滿濃厚的興趣並「一意孤行」：幫助青少年學生學會珍愛生命，完整理解生命的意義，積極創造生命的價值；幫助青少年學生在關注自身生命的同時，尊重、熱愛他人的生命；幫助青少年學生明白讓有生命的其他物種和諧的同在一片藍天下；幫助青少年學生在關心今日生命之享用的同時，還應該關懷明日生命之發展。

然而，現代社會物質生活的日益豐富和社會環境的紛繁複雜，使青少年學生的生理成熟期明顯提前，極易產生生理、心理和道德發展的不平衡現象。長期以來，由於生理發展過程中出現的困惑常常得不到及時指導，對無法預料且時有發生的隱性傷害往往難以應對，導致一些學生產生心理脆弱、思考困惑、行為失控等現象。青少年學生的心理危機問題時有發生，並有嚴重化趨勢。

作為一名學校心理健康教育工作者，我除了積極宣傳普及心理健康知識和技能之外，還投入大量的時間和精力為青少

年學生的心理健康展開心理服務工作，做了數千個心理輔導案例，化解了青少年學生成長過程中所遇到的種種困惑、心理創傷和心理障礙，減少了由此發生的情緒障礙、自殘與自殺等心理危機事件。

為促進中小學心理教師、諮商心理師和社會工作者專業發展，幫助廣大家長提高家庭教育的實效，我把自己多年的案例經驗提煉總結出來，並與中國古代兵書《三十六計》相結合，斗膽形成個人的這本心理輔導「專著」，以拋磚引玉。

在此書的寫作過程中，我獲得了許多專家、學者、同行和朋友的大力相助，特深表感謝和感恩。

徐中收

電子書購買

國家圖書館出版品預行編目資料

心理危機，兵法處理！逃避現實、疾病恐慌、
性愛幻想、惡性競爭、精神分裂……成熟面對
情緒困境，解決問題三十六計 / 徐中收著 . --
第一版 . -- 臺北市：崧燁文化事業有限公司，
2023.07
面；　公分
POD 版
ISBN 978-626-357-446-5(平裝)
1.CST: 情緒管理 2.CST: 青少年心
176.5　　112008975

心理危機，兵法處理！逃避現實、疾病恐慌、性愛幻想、惡性競爭、精神分裂……成熟面對情緒困境，解決問題三十六計

臉書

作　　　者：徐中收

發 行 人：黃振庭

出 版 者：崧燁文化事業有限公司

發 行 者：崧燁文化事業有限公司

E - m a i l：sonbookservice@gmail.com

粉 絲 頁：https://www.facebook.com/sonbookss/

網　　　址：https://sonbook.net/

地　　　址：台北市中正區重慶南路一段六十一號八樓 815 室

Rm. 815, 8F., No.61, Sec. 1, Chongqing S. Rd., Zhongzheng Dist., Taipei City 100, Taiwan

電　　　話：(02) 2370-3310　　　傳　　　真：(02) 2388-1990

印　　　刷：京峯數位服務有限公司

律師顧問：廣華律師事務所 張珮琦律師

- 版權聲明 -

定　　　價：375 元

發行日期：2023 年 07 月第一版

◎本書以 POD 印製

獨家贈品

親愛的讀者歡迎您選購到您喜愛的書，為了感謝您，我們提供了一份禮品，爽讀 app 的電子書無償使用三個月，近萬本書免費提供您享受閱讀的樂趣。

ios 系統

安卓系統

讀者贈品

請先依照自己的手機型號掃描安裝 APP 註冊，再掃描「讀者贈品」，複製優惠碼至 APP 內兌換

優惠碼（兌換期限 2025/12/30）
READERKUTRA86NWK

爽讀 APP

📖 多元書種、萬卷書籍，電子書飽讀服務引領閱讀新浪潮！

🎧 AI 語音助您閱讀，萬本好書任您挑選

🔍 領取限時優惠碼，三個月沉浸在書海中

🔔 固定月費無限暢讀，輕鬆打造專屬閱讀時光

不用留下個人資料，只需行動電話認證，不會有任何騷擾或詐騙電話。